LISA CASALI

COZINHANDO NO
LAVA-LOUÇA

Criatividade e sabor com uma pitada de sustentabilidade

Tradução de Paola Morsato

Editora ALAÚDE

Copyright © 2011 Edizioni Gribaudo srl
Copyright da tradução © 2014 Alaúde Editorial Ltda.

Título original: *Cucinare in lavastoviglie – Gusto, sostenibilità e risparmio con un metodo rivoluzionario*

Publicado originalmente por Edizioni Gribaudo, Via Natale Battaglia 12, Milão, Itália

Todos os direitos reservados. Nenhuma parte desta edição pode ser utilizada ou reproduzida – em qualquer meio ou forma, seja mecânico ou eletrônico –, nem apropriada ou estocada em sistema de banco de dados sem a expressa autorização da editora.

O texto deste livro foi fixado conforme o acordo ortográfico vigente no Brasil desde 1º de janeiro de 2009.

PRODUÇÃO EDITORIAL: EDITORA ALAÚDE
PREPARAÇÃO: Elvira Castañon
REVISÃO: Bóris Fatigati, Silvia Almeida
IMPRESSÃO E ACABAMENTO: 1010 Printing International Limited

EDIÇÃO ORIGINAL: EDIZIONI GRIBAUDO
TEXTOS E RECEITAS: Lisa Casali
EDIÇÃO E REVISÃO: Daniela Guaiti / FOTOGRAFIA: Claudia Castaldi
FOOD SLTYLING: Roberta Deiana / CAPA E PROJETO GRÁFICO: Leftloft

1ª edição, 2014

Dados Internacionais de Catalogação na Publicação (CIP)
(Câmara Brasileira do Livro, SP, Brasil)

Casali, Lisa

Cozinhando no lava-louça : criatividade e sabor com uma pitada de sustentabilidade / Lisa Casali ; tradução de Paola Morsello. -- São Paulo : Alaúde Editorial, 2013.

Título original: Cucinare in lavastoviglie : gusto, sostenibilità e risparmio con un metodo rivoluzionario.
ISBN 978-85-7881-184-6

1. Cozinha - Técnicas 2. Culinária 3. Receitas 4. Sustentabilidade I. Título.

13-08096   CDD-641.5

Índices para catálogo sistemático:
1. Cozinhando no lava-louça : Culinária sustentável : Economia doméstica 641.5

2014
Alaúde Editorial Ltda.
Rua Hildebrando Thomaz de Carvalho, 60
04012-120, São Paulo, SP - Tel.: (11) 5572-9474
www.alaude.com.br

Para Alessandro e Covadonga, que inspiraram este projeto.

LEGENDA DAS RECEITAS (VER P. 39)

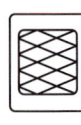

RECIPIENTE — 350 mℓ — Tipo de recipiente utilizado para o cozimento no lava-louça: pote de vidro com tampa hermética (com indicação da capacidade) ou saquinho próprio para cozimento selado a vácuo.

CONSERVAÇÃO — JÁ / 3 — Prazo máximo para consumir os alimentos cozidos no lava-louça (em dias).

As receitas foram calculadas para servir 4 pessoas.

SUMÁRIO

7 → **APRESENTAÇÃO**

8 → **O QUE DIZEM SOBRE ESTE MÉTODO**

10 → **POR QUE COZINHAR NO LAVA-LOUÇA**
13 ----→ Regras para cozinhar com segurança
17 ----→ Utensílios necessários
19 ----→ Benefícios do cozimento no lava-louça
24 ----→ Quais alimentos cozinhar no lava-louça

30 → **INSTRUÇÕES DE USO**
38 ----→ À mesa
39 ----→ Dicas para usar outros programas

41 **PROGRAMA RÁPIDO**

53 **PROGRAMA ECONÔMICO**

73 **PROGRAMA NORMAL**

93 **PROGRAMA INTENSIVO**

116 → **ÍNDICE DAS RECEITAS**

120 → **INDICAÇÃO DE LEITURAS E SITES**

Ecoaiuma

Baccelli di fava

Foglie di finocchio

Scarto antrefugato

APRESENTAÇÃO

POR LISA CASALI

Você costuma utilizar o lava-louça apenas para lavar pratos, copos e talheres? Então você precisa começar a usar esse eletrodoméstico para cozinhar. Por mais estranha que essa ideia possa parecer, faça um esforço para superar o preconceito inicial, pois essa técnica inovadora de cozimento é fácil, oferece grandes benefícios e vai lhe render muito tempo livre. Não há nenhuma contraindicação para cozinhar no lava-louça; as análises realizadas em diversas amostras de alimentos cozidos dessa forma confirmaram que a técnica é segura. Por que cozinhar no lava-louça? Porque enquanto os pratos, copos e talheres são limpos, é possível aproveitar o vapor e a água quente para cozinhar a custo zero; porque economiza água e, caso você utilize uma torneira elétrica, energia; porque o resultado é, em muitos casos, superior em comparação aos métodos tradicionais. Você por acaso já experimentou alguma técnica de cozimento a baixa temperatura? Saiba que elas permitem obter carnes bem macias e preparos perfumados e saborosos. É por isso que o cozimento a baixa temperatura é amplamente difundido no mundo da alta gastronomia. Se você já utilizou essa técnica, deve saber que é complicado conseguir um bom resultado em casa sem o equipamento apropriado. Para cozinhar um ovo a 60-65 °C, por exemplo, há duas possibilidades: mergulhar o ovo em uma panela com água e monitorar a temperatura pelo menos por 1 hora, sem se distrair, ou então colocar o ovo em um potinho, acomodá-lo no lava-louça e cozinhá-lo enquanto os pratos estão sendo limpos. Já faz muitos anos que desenvolvo um projeto de culinária de baixo impacto ambiental por meio do meu blog, Ecocucina, e cheguei a desenvolver essa forma de cozimento em um programa de pesquisa sobre redução do impacto ambiental ao cozinhar. A ideia foi dada por uma amiga espanhola; ela não tinha uma cozinha equipada o suficiente para cozinhar para muitas pessoas e me disse que queria preparar um jantar usando o lava-louça. Gostei da ideia de cozinhar ao mesmo tempo em que a louça é lavada e comecei meus primeiros experimentos, que foram compartilhados com meus leitores. Entre todas as técnicas de cozimento, creio que utilizar o lava-louça é a de menor impacto, pois não se vale de água ou energia elétrica adicionais, e é possível obter o máximo aproveitamento desse eletrodoméstico. Além disso, procurei reduzir o impacto ambiental causado pelos eventuais resíduos dos ingredientes, e por isso os alimentos são totalmente aproveitados.

Neste livro você encontrará sugestões práticas para cozinhar cardápios inteiros no lava-louça. Você conhecerá receitas que utilizam tanto as partes nobres quanto as partes normalmente descartadas dos ingredientes, sobretudo dos vegetais, como pontas e talos de aspargo, coração e folhas externas de alcachofra, vagens de ervilhas etc.

Por fim, há outro motivo pelo qual eu o aconselho a experimentar as receitas deste livro. Imagine a cena: você está cansado, mas vai receber convidados no jantar. Simples, prepare um dos cardápios e ligue o lava-louça: ele vai lavar e cozinhar ao mesmo tempo. Enquanto isso, você vai ter, pelo menos, duas horas inteiras para fazer o que quiser enquanto a refeição está sendo preparada, sem produzir nem calor nem odor. Não é preciso nem controlar o cozimento, apenas esperar o término do ciclo de lavagem. Não parece um sonho? Mas cozinhar no lava-louça é realmente muito simples!

O QUE DIZEM SOBRE ESTE MÉTODO

FRANCESCA BARBERINI
→ *Blogueira, escritora e apresentadora do canal de TV a cabo Gambero Rosso*

Conheci Lisa em tempos "insuspeitos", quando nós duas fazíamos pesquisas sobre economia ambiental. Naquele tempo ela não falava em cozinhar, mas sabia que era apaixonada pelo tema. Não me surpreende que essa paixão pela arte culinária e sua preocupação com o ambiente a tenham levado a escrever este livro sobre cozimento no lava-louça.

Ah, o lava-louça! Nem eu nem minha família poderíamos viver sem esse eletrodoméstico: nós o utilizamos para lavar pratos, copos e panelas, e também para preparar uma ou mais refeições. Ele nos ajuda a manter a cozinha em ordem e a organizar melhor a casa.

Descobrir que é possível usar o lava-louça para preparar almoços e jantares me deixou realmente surpresa. Para mães que trabalham fora, como eu, o tempo é o bem mais precioso: pensar que posso preparar a comida no lava-louça, em potes ou sacos fechados a vácuo, utilizando os vários programas disponíveis, é uma enorme conquista. Assim sobra tempo para brincar com meu filho, nadar, ler um livro... O melhor é que não é preciso ser especialista no assunto: essa técnica está ao alcance de todos e ainda permite economizar energia elétrica e tempo. Obrigada, Lisa!

SILVIA RAGI BARACCHI
→ *Chef do Hotel Relais Il Falconiere*

No início torci o nariz... A ideia me pareceu bastante esquisita. Depois passei a imaginar dois personagens. O primeiro era um chef de cozinha no hotel em que trabalho, com um lava-louça super-rápido e em pleno serviço... Não, não poderia dar certo! O outro era uma dona de casa comum que, depois de passar o dia trabalhando, tem que cuidar da casa, do marido, dos filhos. Apesar de viver correndo contra o tempo, ela tem muita vontade de cozinhar algo novo e diferente, mas prático; ela quer surpreender a família e os amigos com um cardápio especial, feito com um cozimento leve, delicado e rápido!

Pensei na apresentação da comida em potes divertidos e sofisticados, ou na simplicidade de abrir um saco hermético, sentindo aromas inigualáveis de alimentos como carnes, peixes, verduras e ervas que mantiveram a viva coloração... Isso é absolutamente incrível! As receitas propostas são, com certeza, tentadoras, mas essa nova técnica vai estimular sua imaginação, e você se verá tentado a fazer experimentos e substituições, escolhendo um peixe ou outro produto típico da sua região, utilizando as frutas e hortaliças mais frescas da feira ou do supermercado.

PAOLO MARCHI
→ *Jornalista, idealizador e organizador do congresso de gastronomia Identità Golose*

Como cliente, não quero saber detalhes da vida do cozinheiro ou de qualquer outro funcionário de um local que frequento. Como cliente, me interessa apenas comer bem, pagar o justo, dormir bem e acordar descansado e satisfeito. Como cliente, não quero ser enganado com produtos de segunda servidos como se fossem requintados, vinhos medíocres apresentados com um palavrório pomposo e ares de refinamento.

Desde a aquisição de um carro novo até a reserva de um hotel para passar as férias, ou a compra de um produto orgânico na feira... tudo deveria ser simples. Deveria, mas nem sempre é; por isso, para não sermos enganados, nos informamos antes de tomar decisões. O *restaurateur* inteligente muda sua fala conforme o tipo de cliente que tem diante de si: ele evita oferecer algo que possa desagradar e enfatiza aquilo que acredita ser o mais apropriado. No entanto, há aqueles que se arriscam, bancam os espertos. Precisamos ficar de olhos bem abertos se buscamos um local tradicional, que tenha tradição autêntica, ou se buscamos criatividade, e não apenas truques para ludibriar o público e efeitos especiais para impressionar paladares ingênuos.

Lembrei tudo isso porque admiro a coerência e a capacidade de inovação de Lisa Casali. Ela possui esses dois raros dons. Fala-se tanto em criatividade na cozinha, mas a novidade pode ter a consistência efêmera do papel de seda. Queremos inovar, mas será que todos conseguem deixar uma marca? A capacidade de criar é importante, mas o que conta é influenciar, fazer a novidade produzir frutos autênticos.

A coerência está ligada à inovação de enxergar que um lava-louça pode fazer as vezes de fogão, preparando iguarias com a mesma água quente usada para lavar os pratos e panelas da refeição anterior. Espero que um dia aconteça o mesmo com a máquina de lavar roupa. Lisa evita o desperdício em cada atividade do seu dia a dia. Se ela descobriu um novo uso para o lava-louça – isso realmente chama a atenção – é porque de fato acredita nisso. Este livro é o resultado de uma vida em busca do fim do desperdício, e rica em escolhas inteligentes e altruístas. Lisa é uma mulher boa de garfo, que aprecia a boa mesa, que gosta de cozinhar e de se reunir com os amigos. Se o lava-louça não tivesse se mostrado um ótimo equipamento para cozinhar, ela teria desistido.

Há cozinheiros, confeiteiros e sorveteiros que cozinham coisas estranhas, sem se importar em agradar, apenas para aparecer nos jornais, na internet e na tevê. O intuito deles é virar notícia, fazer marketing pessoal. Há cardápios que duram apenas uma semana e depois acabam esquecidos. Se você, leitor, preparar as receitas propostas por Lisa, vai descobrir um novo mundo, um mundo bom, justo e duplamente divertido: tanto o momento de apreciá-las como a hora de pagar as contas de água e de energia elétrica.

EMANUELE SCARELLO
→ *Chef do restaurante Agli Amici, presidente da Jeunes Restaurateurs d'Europe*

Sustentabilidade e sensibilidade. Essas duas palavras sintetizam o trabalho de Lisa. Como chef de cozinha, fico sempre fascinado por esses conceitos que, somados à criatividade, dão lugar a uma cozinha de cultura, de respeito e de proteção ao ambiente – um ato importante e de extrema urgência, porque é a gota que cava a rocha, e não o temporal!

Penso no meu vizinho agricultor, que vejo trabalhar a terra para obter o fruto da minha região, as batatas. Cabe a mim, portanto, transformar essas batatas em deliciosos nhoques, e depois tostar e moer sua casca para fazer o "tempero" que vou usar, quem sabe, em uma simples salada, sem desperdiçar os tesouros que a terra e o trabalho do homem nos oferecem como dádiva... É minha responsabilidade fazer com que todas as minhas ações possam oferecer a quem se senta à minha mesa ora uma lembrança indelével, ora uma emoção. A sensibilidade está presente nas receitas. Para preservar o aroma, para manter o sabor inalterado, Lisa utiliza potes e sacos herméticos, e ótimos ingredientes. Nada de estranho, basta experimentar. Onde? No lava-louça, naturalmente! Boa leitura e bom apetite!

POR QUE COZINHAR NO LAVA-LOUÇA

Cozinhar no lava-louça é uma nova forma de cozinhar a baixa temperatura, aproveitando o calor da água enquanto a louça está sendo limpa. O vapor criado pelo eletrodoméstico é similar ao que se desprende quando se cozinha no vapor. Então por que não aproveitá-lo? Basta escolher recipientes adequados e os ingredientes a serem cozidos, de acordo com o programa a ser utilizado. Há no mínimo quatro programas (ver quadro ao lado) que podem ser usados para cozinhar disponíveis na maioria dos lava-louças encontrados no mercado. É claro que, mesmo sendo muito parecidos, há diversos modelos desse aparelho, de diferentes marcas. A temperatura e a duração dos programas podem variar levemente, mas por sorte o cozimento a baixa temperatura oferece uma grande flexibilidade em relação ao cozimento tradicional, feito a temperaturas elevadas. Um minuto a 100 °C corresponde a pelo menos 15 minutos a 60 °C. Por esse motivo foi possível criar receitas que se adaptam a todos os modelos de lava-louça.

Naturalmente, se quiser adquirir esse eletrodoméstico, o aspecto mais importante a ser levado em conta é o consumo de água e de energia elétrica. Alguns aparelhos de última geração têm baixíssimas taxas de consumo; essa característica, aliada à possibilidade de cozinhar durante o ciclo, permite uma significativa economia desses dois recursos preciosíssimos para os seres humanos.

ECONOMIA DE ÁGUA E ENERGIA ELÉTRICA

Alguns estudos, como o da Universidade de Bonn (2008) e o Altroconsumo (2009), demonstraram que lavar um determinado número de pratos à mão, em água corrente, pode consumir mais de 100 litros de água, e em um lava-louça moderno, no ciclo econômico, apenas 10 a 18 litros

Os programas

RÁPIDO

Características:
cozimento a baixa temperatura, com duração inferior às outras lavagens (em geral de 30 minutos)

40-45 °C

ECONÔMICO

Características:
cozimento a baixa-média temperatura. Esse programa geralmente consome menos energia do que o ciclo normal

40-70 °C

NORMAL

Características:
cozimento a média temperatura

50-70 °C

INTENSIVO

Características:
cozimento a média temperatura, mas geralmente com duração maior

50-70 °C

Comparação de consumo: lavagem à mão e no lava-louça

PAÍS	ÁGUA (litros)	ENERGIA (kWh)	TEMPO (minutos)		NÍVEL DE LIMPEZA (0-5)
Alemanha	46	1,3	76		3,2
Polônia/República Tcheca	94	2,1	92		3,3
Itália	115	2,5	76		3,2
Espanha/Portugal	170	4,7	79		3,4
Turquia	126	2,0	106		3,5
França	103	2,5	84		3,4
Grã-Bretanha/Irlanda	63	1,6	65		2,9
Média lavagem à mão	103	2,5	79		3,3
Média lava-louça moderno	15	1,5	15 carga/descarga	100/180 lavagem	3,3-4,3

(nos modelos mais antigos, o consumo de água aumenta para 26 litros). Para uma economia efetiva, é importante que o lava-louça seja utilizado completamente cheio, com ciclos de baixa temperatura e com detergente vegetal, 100% biodegradável.

O estudo da Universidade de Bonn concluiu que os italianos estão entre os que consomem mais água e energia elétrica para lavar a louça manualmente. Para esse estudo, foram recrutados 75 lavadores de pratos profissionais de diversas nacionalidades europeias. Utilizando seu próprio estilo de lavagem, cada profissional teve de lavar um conjunto de jantar completo para doze pessoas (pratos, talheres, copos etc.), que havia sido usado para servir alimentos difíceis de limpar (espinafre, carne, aveia em flocos, leite, chá, gema de ovo e gordura). A louça ainda estava cheia de crostas ressequidas, feitas a 80 °C. Ao final do experimento, os lavadores de pratos haviam utilizado em média 103 litros de água e 2,5 kWh de energia elétrica (ela foi necessária para esquentar a água). Já os lava-louças utilizados no experimento usaram apenas 15 litros de água e 1,5 kWh. Com certeza há exceções entre os dados encontrados: por exemplo, as pessoas muito habilidosas, que consumiram pouquíssima água e energia elétrica, e os eletrodomésticos mais antigos.

AS SEMELHANÇAS E AS DIFERENÇAS ENTRE OS LAVA-LOUÇAS

A maioria dos modelos de lava-louça à venda tem os seguintes programas de lavagem:
Intensivo, Lava-panelas ou Pesado, para pratos, louças e panelas que necessitam de muita limpeza;
Normal ou Dia a Dia, é o mais usado para pratos, talheres e louças do dia a dia;
Econômico ou Eco, ideal para pratos e louças que precisam de uma lavagem leve;
Rápido, Express ou Higienização, para lavagens superficiais;
Delicado, indicado para copos e louças frágeis.

Normalmente um programa de lavagem completo está dividido nos seguintes ciclos: pré-lavagem (10-20 minutos), lavagem (60-80 minutos), enxágue (35-45 minutos), secagem (20-60 minutos).

A temperatura, a duração e o consumo de água e energia elétrica dependem do programa de lavagem escolhido, da marca, do modelo e do ano de fabricação do eletrodoméstico. A tabela abaixo mostra os valores médios para os lava-louças de primeira qualidade, ou seja, os melhores e mais modernos disponíveis no mercado.

Comparação entre programas de lavagem

PROGRAMA	ECONÔMICO	NORMAL	INTENSIVO
Duração	1h30 a 2h30	1h30 a 2h45	2h a 3h
Temperatura média	40-70 °C	50-70 °C	50-70 °C
Consumo de água	9 a 15 litros	10 a 22 litros	11 a 25 litros
Consumo de energia	0,6-1,2 kWh	0,70-1,5 kWh	0,9-1,5 kWh

REGRAS PARA COZINHAR COM SEGURANÇA

Cozinhar no lava-louça é uma técnica fácil, ao alcance de qualquer pessoa que tenha esse equipamento, e que oferece inúmeras vantagens. É necessário, porém, seguir algumas regras para obter a máxima eficiência sem correr riscos:

1. Higiene e limpeza;
2. Recipientes apropriados;
3. Ingredientes de qualidade;
4. Conservação adequada;
5. Organização.

São apenas cinco regras simples e fáceis de respeitar. É imprescindível tê-las em mente quando se cozinha no lava-louça. Para ter certeza de que essa técnica era realmente segura, encaminhei a um reconhecido laboratório de análises quatro amostras de alimentos cozidos no lava-louça em recipientes diferentes: um pote com tampa rosqueada, um pote com fecho hermético (com presilhas e junta de borracha), e em dois sacos com selamento a vácuo de marcas conhecidas.

Não foram encontrados resquícios de detergente em nenhum dos recipientes. As análises demonstraram que os alimentos não entraram em contato com a água e, portanto, essa técnica mostrou-se segura.

HIGIENE E LIMPEZA

Quando nos preparamos para cozinhar no lava-louça e, mais genericamente, a baixa temperatura, é muito importante utilizar utensílios e recipientes bem limpos. A superfície de trabalho, onde os ingredientes são manipulados, também deve estar bem limpa e seca. Use panos limpos para enxugar as mãos. Em temperaturas inferiores a 50 °C pode haver proliferação de bactérias, mas que pode ser evitada com a manutenção da higiene.

RECIPIENTES APROPRIADOS

Para que os alimentos não entrem em contato nem com o detergente nem com a água, é importante que estejam fechados hermeticamente em recipientes de vidro, ou embalados em sacos selados a vácuo próprios para cozinhar. Para não anular os benefícios ambientais da utilização do lava-louça, reutilize os recipientes e saquinhos: basta lavá-los bem.

POTES

No varejo comum é fácil encontrar diversos tipos de recipientes; os usados para armazenar conservas são perfeitos para esse tipo de cozimento, pois asseguram a perfeita vedação dos alimentos contidos em seu interior. Pode-se utilizar recipientes com tampa rosqueada ou com fecho hermético, aquele com presilhas e tampa com borracha. Nas receitas deste livro, utilizamos potes com as seguintes capacidades:
→ 150 ml, principalmente para sobremesas;
→ 250 ml para entradas;
→ 300 ou 350 ml para porções individuais;
→ 500 ml para porções grandes;
→ 1,5 litro para cozidos e caldos.

SAQUINHOS SELADOS A VÁCUO

Os saquinhos com selamento a vácuo são encontrados em lojas especializadas em embaladoras a vácuo, e também na internet. Ao adquiri-los, confirme se podem ser utilizados para cozinhar. Das três marcas que experimentei, duas eram adequadas tanto para cozinhar como para conservar alimentos.

INGREDIENTES DE QUALIDADE

O terceiro aspecto, importante tanto para o resultado como para a segurança, é a qualidade dos ingredientes. O cozimento em potes, assim como o cozimento a vácuo, realça ao máximo as características dos ingredientes para o bem ou para o mal. Se você utilizar produtos frescos e de boa qualidade, vai conseguir resultados excepcionais; ao contrário, se as matérias-primas não forem frescas ou forem de baixa qualidade, o resultado será péssimo. Ao cozinharmos crustáceos e moluscos em um recipiente fechado, os aromas se concentram: quando os potes forem abertos, o preparo vai exalar um perfume marítimo realmente intenso.

CONSERVAÇÃO ADEQUADA

Produtos de boa qualidade e bem conservados não contêm bactérias patogênicas. Para cozinhar de forma segura, sem riscos à saúde, evite deixar os alimentos entre 20-50 °C por muito tempo. É recomendável manter os ingredientes na geladeira até a hora de colocá-los no lava-louça. Descongele os produtos na geladeira, nunca em temperatura ambiente, para evitar a proliferação

POR QUE COZINHAR NO LAVA-LOUÇA | **15**

de bactérias. Ao término do ciclo – e do cozimento –, leve o preparo à mesa ou coloque-o na geladeira. Em cada uma das receitas apresentadas, indicamos o tempo máximo de conservação após o cozimento (por exemplo, um dia, três dias etc.). Não deixe os recipientes e saquinhos com alimentos no lava-louça por mais de uma hora após o término do ciclo. Carnes, hortaliças, frutas e cereais podem ser consumidos em até três dias após o cozimento, mas peixes, crustáceos e moluscos devem ser consumidos logo, porque se deterioram rapidamente.

ORGANIZAÇÃO

Mais do que uma regra, a dica a seguir é um precioso conselho: planejar as refeições antecipadamente e para vários dias permite controlar os alimentos armazenados na despensa, no refrigerador e no freezer, além de aproveitar ao máximo o uso do lava-louça. Com um mínimo de planejamento, é possível utilizar o eletrodoméstico durante a madrugada para cozinhar refeições completas para os dias seguintes. Alguns alimentos devem ser consumidos logo depois de cozidos; outros podem ficar alguns dias na geladeira. Leve isso em conta na hora de cozinhar. Se você vai preparar uma receita no lava-louça e quer que ela fique pronta, por exemplo, às 20h30, planeje-se e ligue o lava-louça pelo menos duas ou três horas antes, ou seja, entre 17h30 e 18h30.
Outra possibilidade é ligar o lava-louça duas horas antes de dormir; assim você terá tempo de guardar o preparo na geladeira. Quando utilizar ovos (por exemplo, na receita da p. 98, Ovos à la coque a baixa temperatura), lembre-se de que podem ser conservados em temperatura ambiente: você pode colocá-los no lava-louça antes de ir se deitar e programar o início do ciclo para horas depois, de modo que eles estejam prontos para degustar no café da manhã.

UTENSÍLIOS NECESSÁRIOS

Você não precisa de equipamentos sofisticados para cozinhar utilizando esta técnica inovadora: basta um lava-louça – obviamente –, de preferência um modelo de primeira qualidade, com baixo consumo de água e de energia elétrica.

Você também vai precisar de saquinhos a vacuo e potes com fechamento hermético. Providencie pelo menos um pote de 150 ml, 250 ml, 300 ml e 350 ml para cada membro da família. Além disso, você vai utilizar assessórios de cozinha comuns, como tigelas, talheres, facas etc. Para algumas receitas, pode ser necessário usar um batedor manual, um processador ou um passa-legumes.

O que não pode faltar, entretanto, é a panela de pressão, que permite economizar até 50% de energia – o cozimento em panelas tradicionais leva o dobro do tempo.

EMBALADORA A VÁCUO

Os tipos mais comuns de embaladoras a vácuo existentes no mercado são:

→ de barra, com extração externa: essa máquina é ideal para uso doméstico. Pequena, ocupa pouco espaço, e tem custo acessível;

→ de câmara, com extração interna: é um equipamento profissional, utilizado em restaurantes. Maiores e mais caras do que as de barra, elas têm um ótimo desempenho do ponto de vista da sucção do ar e do nível de vácuo.

Se você ainda não possui uma embaladora a vácuo, pode ser interessante adquirir uma, pois é um equipamento que oferece inúmeras vantagens, e não apenas para cozinhar no lava-louça. Com a embaladora é possível:

→ aumentar, e em alguns casos até duplicar, o tempo de conservação dos alimentos, seja em temperatura ambiente, no refrigerador ou no freezer, pois a ausência de oxigênio impede a proliferação de bactérias e a oxidação;

→ aproveitar melhor o espaço, pois o volume dos alimentos diminui quando embalados a vácuo;

→ preparar marinadas de modo mais eficiente e na metade do tempo normal.

COMO UTILIZAR OS SAQUINHOS SELADOS A VÁCUO

Antes de utilizar os saquinhos, assegure-se de que estejam bem limpos e sem rasgos. É possível encontrar à venda modelos de vários tamanhos ou rolos que podem ser cortados de acordo com sua necessidade. Para facilitar a colocação dos alimentos e não sujar as bordas, que serão seladas, é só dobrar a beirada do saquinho para o lado de fora. Além disso, o preparo deve ocupar apenas dois terços do volume do saquinho, por isso tenha sempre à mão embalagens de vários tamanhos. Se for preciso, divida o preparo em porções.

Depois de colocar os alimentos no saquinho, desvire a borda e assegure-se de que esteja bem limpa e seca. Posicione o saquinho na embaladora a vácuo e siga as instruções do fabricante do aparelho. Se o preparo for muito líquido, não encha mais do que um terço do saquinho e use a seladora no modo manual. Após retirar todo o ar do saquinho e selá-lo, verifique se o procedimento foi realizado com sucesso e guarde na geladeira até o momento de colocá-lo no lava-louça.

Os preparos prontos para cozinhar também podem ser conservados no freezer, desde que selados – comparados aos produtos congelados tradicionais, têm um prazo de validade cerca de 20% maior. Na hora de prepará-los, basta descongelar na geladeira e depois cozinhar no lava-louça.

Para embalar os alimentos a vácuo com uma embaladora de barra, coloque o preparo no saquinho preenchendo no máximo dois terços de sua capacidade (1), depois é só acionar a máquina para selar (2). Certifique-se de que o saquinho esteja intacto e sem furos antes de congelá-lo ou levá-lo ao lava-louça (3).

BENEFÍCIOS DO COZIMENTO NO LAVA-LOUÇA

Usar a técnica inovadora e especial de cozinhar no lava-louça traz inúmeros benefícios. Destacamos dez tópicos:

1. Meio ambiente
2. Saúde
3. Alimentação
4. Economia
5. Sabor
6. Tempo livre
7. Cozimento a baixa temperatura
8. Cozinha sem odores nem vapor
9. Preparo fácil e rápido
10. Planejamento das refeições

MEIO AMBIENTE

Os benefícios ambientais de cozinhar no lava-louça são obtidos apenas se cozinharmos enquanto lavamos os pratos. Para otimizar o consumo, é importante utilizar o eletrodoméstico apenas quando estiver totalmente cheio. O tipo de programa depende de a louça precisar de uma lavagem leve ou pesada, e a escolha da receita deve estar condicionada ao tipo de ciclo necessário, e não o contrário.

Aproveitando o calor da água, é possível cozinhar diversas porções simultaneamente, sem consumir mais energia ou água. Cozinhar desta forma significa diminuir o consumo de energia elétrica e evitar a produção de CO_2 derivado do cozimento, ou seja, é a técnica ideal para quem se preocupa com o futuro do planeta.

Consumo de energia por kg de alimento de diversos tipos de cozimento

TÉCNICA DE COZIMENTO	ENERGIA CONSUMIDA (MJ)	PEGADA DE CARBONO (g de CO_2 equivalente)	PEGADA ECOLÓGICA (m^2 globais)
Ferver	3,5	420	5
Fritar	7,5	900	12
Grelhar	8,5	1.020	13
Micro-ondas	0,34	59	1

Fonte: Barilla Center for Food & Nutrition. Dados publicados no documento *Doppia piramide: alimentazione sana per le persone, sostenibile per il pianeta* [Dupla pirâmide: alimentação saudável para as pessoas, sustentável para o planeta].

SAÚDE

O cozimento a baixa temperatura preserva mais as propriedades nutricionais dos alimentos, pois não as altera como o cozimento a temperaturas elevadas, como ferver. Dessa forma ingere-se mais vitaminas, proteínas não degradadas e gorduras inalteradas, evitando o risco de que se transformem em substâncias nocivas.
Os alimentos nunca vão queimar e, dessa forma, você e sua família não correm o risco de ingerir produtos dessa combustão, tóxicos para o organismo; além disso, graças a essa técnica de cozimento, é possível reduzir ao mínimo a ingestão de acrilamida, substância tóxica formada em cozimentos a altas temperaturas.

ALIMENTAÇÃO

O cozimento no lava-louça permite reduzir em mais de 60% a quantidade de gorduras empregadas no preparo dos alimentos, podendo-se inclusive temperar o prato no momento de consumo com um pouco de azeite de oliva extra virgem. Desse modo, obtêm-se os máximos benefícios do azeite, limitando a quantidade ingerida. Essa técnica permite também criar pratos mais ricos e saborosos do que aqueles preparados no vapor, além

de ser ideal para quem segue um regime hipocalórico.
Quando abrimos os recipientes, os aromas intensos liberados pelos alimentos cozidos agradam aos olhos e ao olfato, o que significa mais satisfação na hora das refeições.
Visto que este tipo de cozimento é mais adequado para pratos à base de carnes, peixes, crustáceos ou moluscos, é sempre bom associá-los a cereais integrais, hortaliças, verduras e frutas orgânicas e da estação.

ECONOMIA

Aproveitando o vapor liberado pelo lava-louça enquanto os pratos são higienizados, economiza-se energia elétrica e água. Em um ano, você pode reduzir consideravelmente o consumo desses recursos na hora de cozinhar. É comprovado que se gasta muito mais água em uma lavagem manual do que no lava-louça (a menos que você seja um excelente lavador de pratos, daqueles que não usam água corrente). Além disso, será utilizada a mesma água e energia elétrica em duas operações, lavar e cozinhar, ao mesmo tempo, desde o café da manhã até o almoço e o jantar. Sem dúvida, sua economia será significativamente maior.

SABOR

As propriedades organolépticas dos alimentos mantêm-se inalteradas nesse tipo de cozimento. O esforço na busca de matérias-primas de boa qualidade será recompensado. As qualidades ficarão concentradas e os aromas e o sabor dos alimentos serão realçados, por isso não será necessário adicionar tanto sal como no cozimento tradicional.

TEMPO LIVRE

O tempo livre é, com certeza, um benefício que não deve ser desprezado, sobretudo com o estilo de vida atual. O tempo nunca é suficiente e o corre-corre é uma desculpa para consumir pratos prontos. É possível ter uma vida atarefada e uma alimentação saudável, basta um mínimo de organização e planejamento, em particular para a técnica de cozimento apresentada. Em compensação, você ganhará muitas horas livres. Neste livro há diversas opções de cardápios para cada tipo de ciclo. Imagine ter de duas a três horas por dia – tempo em que estaria cozinhando – para aproveitar como preferir: você poderá descansar, arrumar a casa para receber convidados, brincar com seus filhos, ler, praticar esportes etc. Tudo isso sem correr o risco de queimar a comida e sem

medo de sair de casa porque as panelas estão no fogo.
Se com as técnicas de cozimento tradicionais é necessário monitorar o fogão até o final, usando o lava-louça há tempo de sobra para guardar o avental, trocar de roupa com calma e esperar os convidados tranquilamente e com a cozinha já arrumada.

COZIMENTO A BAIXA TEMPERATURA

O cozimento a baixa temperatura é muito difundido na alta gastronomia, mas pouco no âmbito doméstico, porque são necessários equipamentos profissionais. Apesar de ser menos preciso, o desempenho do lava-louça na hora de cozinhar assemelha-se muito ao de chefs de grandes restaurantes. Cozinhar a temperaturas mais baixas do que as tradicionais amolece as fibras dos alimentos sem endurecer nem reduzir seu volume. Para cozinhar dessa maneira em casa sem um equipamento profissional seria necessário ter panelas grandes cheias de água, termostatos, termômetros e muita paciência... Mas com o lava-louça obtêm-se ótimos resultados com pouquíssimo esforço, usando apenas os quatro tipos de ciclo principais: rápido, econômico, normal e intensivo.

COZINHA SEM ODORES NEM VAPOR

Quando se cozinha alimentos armazenados a vácuo, em potes ou saquinhos, os aromas ficam concentrados no recipiente e não se dispersam pela cozinha. Em contraste, o aroma é intensamente sentido ao se degustar o prato. Não deixar odores residuais é uma vantagem que não deve ser desprezada, sobretudo quando se cozinha peixe, cujo odor pode ser bem persistente, ou quando se mora em um local pequeno. Outro aspecto que eu pessoalmente aprecio muito, sobretudo no verão, é o fato de não precisar acender o fogo, o que pode se tornar um verdadeiro problema nos dias mais quentes. Ao cozinhar no lava-louça, pode-se preparar tudo com antecedência, utilizando minimamente o fogão, e a cozinha permanece fresca.

PREPARO FÁCIL E RÁPIDO

Com essa técnica, que é realmente fácil e está ao alcance de todos, podem ser feitos cardápios inteiros com pouco esforço e sem precisar de grandes conhecimentos ou acessórios especiais. Para um almoço ou jantar, basta preparar os ingredientes, distribuí-los entre os potes ou saquinhos selados a vácuo e ligar o lava-louça no programa escolhido.

PLANEJAMENTO DAS REFEIÇÕES

Cozinhar no lava-louça oferece a possibilidade de organizar as refeições como em um restaurante, cozinhando com antecedência e finalizando os pratos apenas no momento de levá-los à mesa. A maioria das receitas deste livro não precisa ser consumida imediatamente, podendo ser conservadas na geladeira por até três dias. A carne, por exemplo, se cozida da forma tradicional, tende a perder líquido e a ressecar, por isso deve ser consumida rapidamente; já com o cozimento a baixa temperatura, pode ser conservada por três dias na geladeira e continuar tenra.

QUAIS ALIMENTOS COZINHAR NO LAVA-LOUÇA

Comecei a experimentar essa técnica porque queria encontrar um modo de cozinhar com o menor impacto ambiental possível, sem consumir recursos como energia elétrica e água em demasia. Não é possível cozinhar todos os tipos de alimentos usando baixas temperaturas. No entanto, essa é a técnica ideal para alimentos com alto teor de proteína. Já as fibras vegetais dificilmente ficam tenras a temperaturas inferiores a 85 °C. Os alimentos com os quais se obtém os melhores resultados a baixas temperaturas são carnes, peixes, moluscos, crustáceos e ovos. As verduras podem ser cozidas parcialmente: o resultado são vegetais crocantes. Leguminosas e cereais devem ser previamente cozidos. O cozimento no lava-louça, portanto, não substitui integralmente as técnicas de cozimento tradicionais, mas pode se tornar um complemento útil, sobretudo no preparo de produtos de origem animal.

Verduras, frutas, cereais e leguminosas deveriam ser a base de nossa alimentação; já carnes

PIRÂMIDE AMBIENTAL

Pirâmide Alimentar (consumo sugerido, do alto para baixo):
- DOCES, CARNE VERMELHA
- QUEIJOS, OVOS, CARNE BRANCA, PEIXES, BISCOITOS
- LEITE, IOGURTE
- AZEITE DE OLIVA
- PÃES, MASSAS, ARROZ, BATATAS, LEGUMINOSAS
- FRUTAS, HORTALIÇAS

Pirâmide Ambiental (impacto ambiental, do alto para baixo):
- CARNE VERMELHA
- QUEIJOS, PEIXES
- CARNE BRANCA, DOCES
- LEGUMINOSAS, MASSAS, BISCOITOS, AZEITE DE OLIVA, LEITE, IOGURTE, ARROZ, OVOS
- HORTALIÇAS, PÃES, BATATA
- FRUTAS

PIRÂMIDE ALIMENTAR

e peixes deveriam constituir uma exceção a ser valorizada ao máximo. Muitos estudos demonstram que as escolhas alimentares mais saudáveis para o nosso organismo são também as de menor impacto sobre o meio ambiente. Um dos estudos mais respeitados é a dupla pirâmide alimentar e ambiental desenvolvida pelo Barilla Center for Food and Nutrition (ver p. 24). A dupla pirâmide é o resultado da combinação de numerosos estudos internacionais sobre saúde e meio ambiente. A descoberta é que os alimentos dos quais se indica um maior consumo são também aqueles que causam o menor impacto ambiental. Basear nossa alimentação em produtos de origem vegetal traz, de fato, grandes benefícios, seja para a saúde, seja para o meio ambiente (com relação ao consumo de recursos naturais, emissões de gases na atmosfera, utilização do solo, contaminação da água e do solo etc.).

CARNE

É importante reduzir o consumo de carne e escolher produtos de altíssima qualidade, criados com o método biológico ou biodinâmico, e provenientes de pecuária não intensiva. Procure um criador de confiança, vá visitá-lo para conferir pessoalmente e tente estabelecer uma relação de consumo duradoura com ele.

Tipos de carne: emissão de CO_2 e consumo de água em sua produção

TIPO DE CARNE (1 kg)	EMISSÃO DE CO_2 EQUIVALENTE (kg)	CONSUMO DE ÁGUA (L)
Bovina	6,2	15.500
Aviária	1,9	3.900
Suína	2,3	4.900

As carnes podem ser divididas em vermelhas (bovino adulto, ovino e caprino adultos, bufalinos, avestruz, aves como pato, galinha-d'angola e ganso, e de caça), e brancas (vitela, suíno, cordeiro, cabrito, frango, peru e coelho). Os três tipos de carne mais vendidos na Itália são a suína (42%), a bovina (25%) e a de frango (21%). As outras respondem por 12% do consumo. [No Brasil, a carne mais consumida é a de frango, seguida pela bovina e pela suína.] Nas receitas deste livro, procurei privilegiar os cortes de carne bovina menos nobres (de segunda e de terceira) e menos utilizados. Os cortes de segunda são pouco conhecidos e, em geral, malvistos: aprender a utilizá-los ajuda a diminuir o desperdício e a aproveitar melhor cada pedaço de carne. Com o cozimento no lava-louça obtêm-se resultados excelentes também com cortes menos nobres, pois essas carnes também ficam suculentas e macias. É bom variar o máximo possível os tipos de carnes, consumindo também as menos difundidas, como a de peru, de galinha-d'angola, de coelho e de ovinos; dessa forma diversifica-se a demanda, e não há o incentivo à criação intensiva de poucas espécies.

Carne bovina

DE PRIMEIRA
Tipos de corte
Alcatra, contrafilé, coxão duro, coxão mole, filé-mignon, lagarto, maminha, patinho, picanha.

DE SEGUNDA
Tipos de corte
Aba de filé, acém, braço (paleta), capa de filé, cupim, filé de costela, fraldinha, peito.

DE TERCEIRA
Tipos de corte
Músculo, ponta de agulha (costelas), pescoço.

Fonte: Ministério da Agricultura.

PEIXES

Crescemos acreditando que o estoque de peixes seria infinito, mas agora é o momento de entender que as coisas não são bem assim; cada vez mais aumenta o número de espécies ameaçadas ou em vias de extinção.

Neste livro, você não encontrará receitas com espécies submetidas a forte pressão antrópica ou cuja sobrevivência esteja comprometida pelo homem. Prefira consumir peixes de sua região. Assegure-se de que peixes, crustáceos e moluscos não estejam abaixo do tamanho permitido para consumo, ou seja, que tenham tido a possibilidade de se reproduzir antes de serem pescados.

O ideal é não consumir peixes mais do que duas vezes por semana e dar preferência a espécies que se encontram na base da cadeia alimentar (anchovas, sardinhas etc.). As peixarias frequentemente

Peixes a evitar

Atum
Motivo
Nível de sobrepesca mundial. Pesca pirata e técnicas de pesca muito destrutivas para outras espécies. Uma vez pescado, o atum é mantido em criadouros para ganhar peso, e seu alimento é obtido de outras espécies pescadas com essa finalidade. [A costa brasileira é um dos últimos locais em que a pesca dessa espécie não foi amplamente explorada, mas já há a presença de embarcações japonesas, responsáveis por cerca de 90% do atum coletado no país.]

Salmão
Motivo
O salmão selvagem é superexplorado. Como o atum, o salmão de criadouro é nutrido com espécies pescadas para esse fim, que impactam negativamente o equilíbrio dos delicados ecossistemas marinhos. Além disso, os dejetos do salmão de criadouro causam contaminações graves.

Mero
Motivo
A pesca ilegal, a destruição de hábitats e o longo período de maturação são alguns fatores que contribuíram para colocar a espécie em perigo crítico de extinção. A pesca e a comercialização do mero estão proibidas no Brasil desde 2002, portanto, se encontrá-lo à venda, denuncie.

Garoupa
Motivo
Espécie ameaçada por causa do desequilíbrio entre machos e fêmeas. A garoupa é fêmea nos primeiros anos de vida e vive na superfície. Depois vira macho e passa a habitar o fundo do mar. A pesca feita na superfície captura apenas fêmeas, o que dificulta a reprodução e a sobrevivência da espécie.

Fontes: FAO, Greenpeace, Slow Fish, WWF, *Folha de S.Paulo* e Ministério do Meio Ambiente.

Peixes por estação

Praticamente o ano todo
Pescada, linguado, meca.

Primavera
Dourado, camarão, lambari, sardinha, tucunaré.

Verão
Bonito, manjuba, caranguejo.

Outono
Abrótea, cavalinha, corvina, mexilhão, pacu, sardinha.

Inverno
Abrótea, lambari, tucunaré, ostra.

Fonte: Companhia de Entrepostos e Armazéns Gerais de São Paulo.

---

oferecem peixes de criadouro: escolher entre esses e os peixes pescados não é uma tarefa banal, e nem sempre é fácil determinar qual é a melhor escolha, pois isso depende de algumas variáveis. A maioria dos criadouros de peixe contribui para a poluição do mar, apesar de existirem exceções. Os criadouros de moluscos, em particular os de mexilhão, são, com certeza, os mais sustentáveis. As regras que devem ser seguidas ao adquirir ou consumir peixe são as seguintes:

1. Escolher sempre peixes de acordo com a estação do ano e da época de pesca permitida (prefira espécies que não estejam em fase reprodutiva);
2. Escolher peixes do tamanho correto (prefira peixes pescados depois de terem alcançado a maturidade sexual, ou seja, que tenham conseguido se reproduzir);

3. Dar preferência aos peixes pescados ou criados em sua região;
4. Evitar comprar as espécies ameaçadas de extinção e submetidas a forte pressão de pesca.

CRUSTÁCEOS

O melhor é moderar o consumo de crustáceos, evitando principalmente adquirir produtos que tenham viajado longas distâncias antes de chegar à sua mesa. Os criadouros de camarão têm um forte impacto sobre os hábitats costeiros e constituem a causa principal da destruição de manguezais. Na Ásia, por exemplo, os mangues têm o papel fundamental de proteger a costa de maremotos e *tsunamis*, e são hábitats naturais de inúmeras espécies.

Um crustáceo que pode ser consumido sem contraindicações especiais é a tamarutaca: procure consumi-la logo após a compra, pois se deteriora rapidamente.

MOLUSCOS

A situação dos moluscos é, por sorte, melhor, mas é importante evitar aqueles obtidos por meio de métodos de pesca de grande impacto, como o arrasto.
Os criadouros de mexilhões, vôngoles, ostras e mariscos em geral podem ser considerados

Tamanho mínimo de captura de peixes

PEIXE	TAMANHO MÍNIMO (cm)
Anchova	35
Badejo-mira	23
Badejo-quadrado	45
Badejo-da-areia	30
Cação-malhado	100
Carapau	15
Cavalinha	20
Cherne	45
Dourado	55
Jaú	80
Linguado	35
Peixe-espada	70
Pescada	20
Pintado	80
Piracanjuba	30
Robalo	30
Sardinha	15
Tainha	35
Trilha	13

Fontes: Slow Fish, Greenpeace e Ministério da Pesca e Aquicultura.

Tamanho mínimo de captura de crustáceos

CRUSTÁCEO	TAMANHO MÍNIMO (cm)
Lagosta vermelha	13 (tamanho da cauda)
Camarão	9
Camarão-rosa	9
Lagostim	7

Fonte: Ministério do Meio Ambiente e Instituto de Pesca do Estado de São Paulo.

Tamanho mínimo de captura de moluscos

MOLUSCO	TAMANHO MÍNIMO (cm)
Vieira	6 (concha)
Vôngole	2,5 (concha)

Fonte: Instituto de Pesca do Estado de São Paulo.

sustentáveis, porque não necessitam de rações suplementares e não contaminam as águas marinhas. No caso dos moluscos também é importante respeitar o tamanho mínimo permitido, sobretudo das vieiras e dos vôngoles. Lulas e polvos podem ser consumidos porque a procura não excede a oferta. No entanto, a pesca do mexilhão-tâmara-europeu é terminantemente proibida por lei. Essa espécie leva dez anos para alcançar a idade adulta, e o único modo de retirar os animais das rochas é explodir trechos inteiros de recifes submersos. Este livro propõe apenas receitas com peixes que não são superexplorados nem estão ameaçados de extinção. Os mares e lagos, felizmente, ainda oferecem alternativas válidas; assim, desde que com moderação, é possível consumir seus frutos.

OVOS E LATICÍNIOS

É preferível adquirir ovos e queijos produzidos por produtores pequenos e de confiança; melhor ainda se a criação for orgânica ou biodinâmica. Escolha produtos frescos e de boa qualidade, e os consuma com moderação.

FRUTAS E VERDURAS

Utilize apenas frutas e verduras da estação e, se possível, de agricultura orgânica ou biodinâmica. O ideal seria adquiri-las diretamente de produtores locais, de modo a reduzir a distância percorrida pelos alimentos até o varejo, diminuir a cadeia e garantir produtos bem frescos e de qualidade. Do ponto de vista do impacto ambiental total, procure adquirir produtos sem embalagens especiais e que não tenham sido processados (como saladas previamente lavadas). Alimentar-se de frutas e verduras traz apenas benefícios: por isso é importante aumentar seu consumo diário e, ao mesmo tempo, reduzir o consumo de produtos de origem animal.

CEREAIS E LEGUMINOSAS

Para cereais e leguminosas valem os mesmos cuidados apresentados para frutas e verduras: opte por produtos orgânicos, de preferência integrais e, no caso das farinhas, recém-moídos.

INSTRUÇÕES DE USO

PRODUTO	RÁPIDO	ECONÔMICO
Carne bovina	Pedaços pequenos e fatias finas. Ponto da carne: malpassado.	Em cubos ou peça única de até 500 g. Ponto da carne: malpassado. Ideal para rosbife e tagliata.
Frango e peru	Não indicado.	Fatias finas ou desfiado.
Coelho	Não indicado.	Pedaços pequenos (sem osso).
Carne suína	Não indicado.	Pedaços bem pequenos.
Cordeiro	Não indicado.	Pedaços bem pequenos (sem osso).
Peixes	Filés de peixe de tamanho pequeno a médio, ou postas de atum ou bonito.	Filés de peixe de tamanho médio a grande. Melhor cozido em potes.
Crustáceos	Apenas lagostins, sempre em saquinhos selados a vácuo.	Sem a casca e de tamanho pequeno a médio, como camarões e lagostins.
Moluscos	Ideal para sépias e lulas.	Vieiras e bivalves cuja concha já tenha sido previamente aberta (em frigideira).
Hortaliças	Não indicado.	Cortadas à brunoise, em fatias finas ou à juliana. Resultado crocante.
Cogumelos	Não indicado.	Em cubos ou em lâminas.
Frutas	Em cubos, fatias ou trituradas.	Em cubos, fatias ou trituradas.
Ovos	Não indicado.	Teste o ponto de cozimento em seu lava-louça. Experimente colocar um ovo inteiro em um pote com água e um ovo sem casca em um saquinho fechado a vácuo.

Ao usar o lava-louça para cozinhar, considere-o como uma ferramenta para cozimento a baixa temperatura, técnica bastante usada por chefs. Comece com as receitas mais simples, para se familiarizar com a técnica e conhecer o desempenho de seu lava-louça. Para ajudá-lo nessa nova empreitada, na tabela a seguir apresento os programas indicados para cada tipo de ingrediente.

NORMAL	INTENSIVO
Em cubos ou peça única de até 500 g. Ponto da carne: ao ponto. Ideal para carnes vermelhas em geral.	Em cubos ou peça única de até 500 g. Ideal para cortes com maior quantidade de gordura, ou que demandam maior tempo de cozimento.
Fatias finas ou desfiado.	Fatias grossas, coxa (sem osso e assada).
Pedaços pequenos (sem osso).	Pedaços maiores (sem osso).
Pedaços pequenos ou fatias finas.	Peças de até 500 g. Ideal para lombo.
Pedaços médios (sem osso).	Pedaços grandes (sem osso). Ideal para pernil que não tenha gordura.
Filés de peixe de tamanho médio a grande. Melhor cozido em potes.	Filés de peixe de tamanho grande.
Sem a casca e de tamanho pequeno a médio, como camarões e lagostins.	Crustáceos de tamanho pequeno a médio com a carapaça, ou grandes sem a carapaça, bem como lagostins e lagostas.
Vieiras, lulas e bivalves cuja concha já tenha sido previamente aberta (em frigideira).	Bivalves cuja concha já tenha sido previamente aberta (em frigideira), bem como vieiras, sépias e lulas. Polvo depois de bem batido numa tábua, devendo-se completar o cozimento sobre uma grelha.
Cortadas à brunoise, em fatias finas ou à juliana. Cozimento al dente.	Cortadas em cubos ou em fatias. Cozimento al dente.
Em cubos ou em lâminas.	Em cubos ou em lâminas.
Em cubos, fatias ou trituradas.	Pedaços grandes, em gomos ou em fatias.
Teste o ponto de cozimento em seu lava-louça. Experimente colocar um ovo inteiro em um pote e um ovo sem casca em um saquinho fechado a vácuo.	Teste o ponto de cozimento em seu lava-louça. Experimente colocar um ovo inteiro em um pote e um ovo sem casca em um saquinho fechado a vácuo.

CARNES

A carne cozida no lava-louça fica excelente. Pode-se cozinhar carne de qualquer tipo e tamanho, desde que desossada, em pedaços ou peça única de até 500 g. Coloque a carne escolhida no saquinho, tempere a gosto com ervas e sele a vácuo. Mantenha na geladeira até o momento de levar ao lava-louça. Acomode o saquinho, tendo o cuidado de não colocá-lo sobre pratos ou panelas, pois isso impede que sejam bem lavados. Tome cuidado também para não impedir o movimento das hélices do lava-louça. Coloque o sabão como de costume, dando preferência a detergentes 100% biodegradáveis, e inicie o programa escolhido.

Se você não possui uma embaladora a vácuo, cozinhe a carne, em pedaços pequenos ou uma peça única, em um recipiente que possa ser fechado hermeticamente. No segundo caso, doure a carne antes de colocá-la no pote, assim o preparo estará pronto para ser servido logo após o cozimento no lava-louça.

Em comparação com o cozimento tradicional, a carne cozida a baixa temperatura fica rosada, suculenta, tenra e naturalmente saborosa. Ao final do cozimento no lava-louça, pode-se consumir a carne imediatamente ou conservá-la na geladeira por até três dias sem que suas propriedades organolépticas sejam comprometidas.

Antes de levá-la à mesa, convém completar o cozimento dourando a carne rapidamente sobre uma chapa quente, para caramelizar a superfície e deixá-la mais suculenta, perfumada e saborosa. O líquido que sobrar no saquinho ou pote como resultado do cozimento pode ser usado como molho para acompanhar o preparo. Depois de cozinhar a carne a baixa temperatura, você poderá usá-la em receitas ainda mais complexas (refogados, guisados, picadinhos), e ela permanecerá tenra e suculenta.

PEIXES

Para os peixes valem as mesmas regras que para as carnes. Antes do cozimento, deixe os peixes cortados em filés dentro de saquinhos selados a vácuo junto com ervas e vinho – uma boa marinada sempre enriquece o sabor e o aroma dos ingredientes. Ao final do cozimento, convém grelhar os filés de peixe numa chapa, grelha ou frigideira para deixá-los dourados e, consequentemente, mais apetitosos ao olhar e ao paladar. O tipo de ciclo ideal para peixes é o Rápido, que permite atingir o ponto certo de cozimento com temperaturas não muito altas.

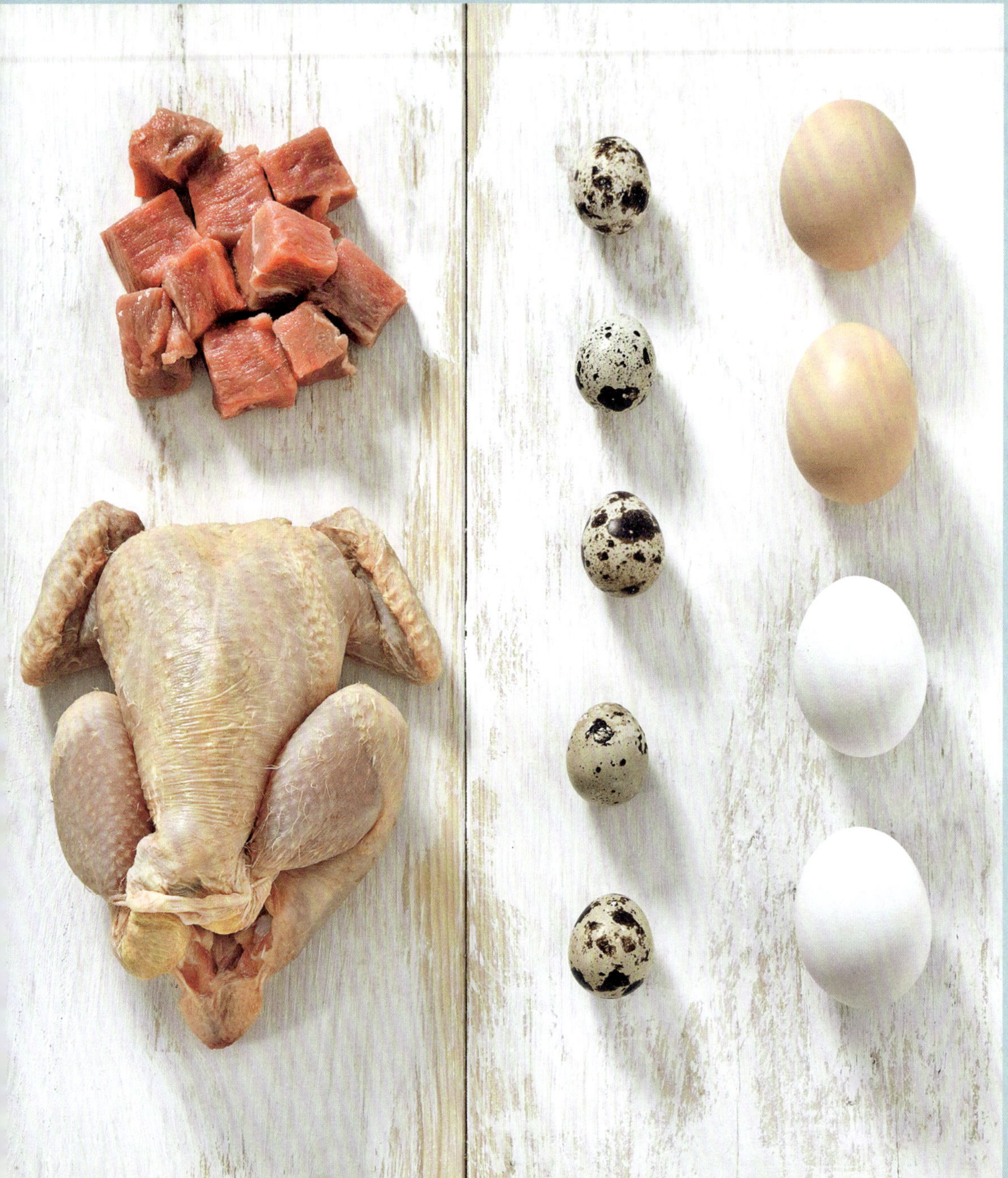

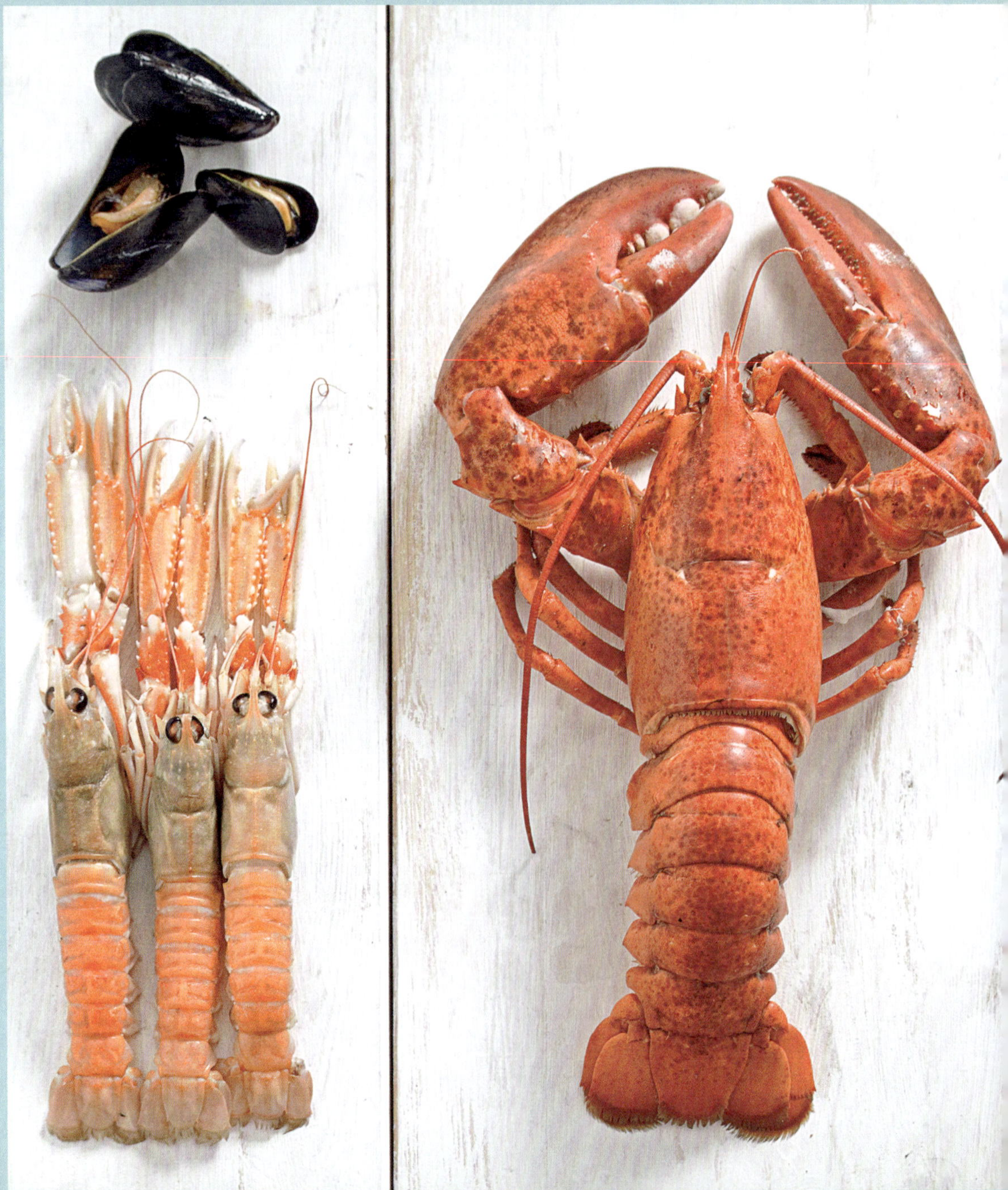

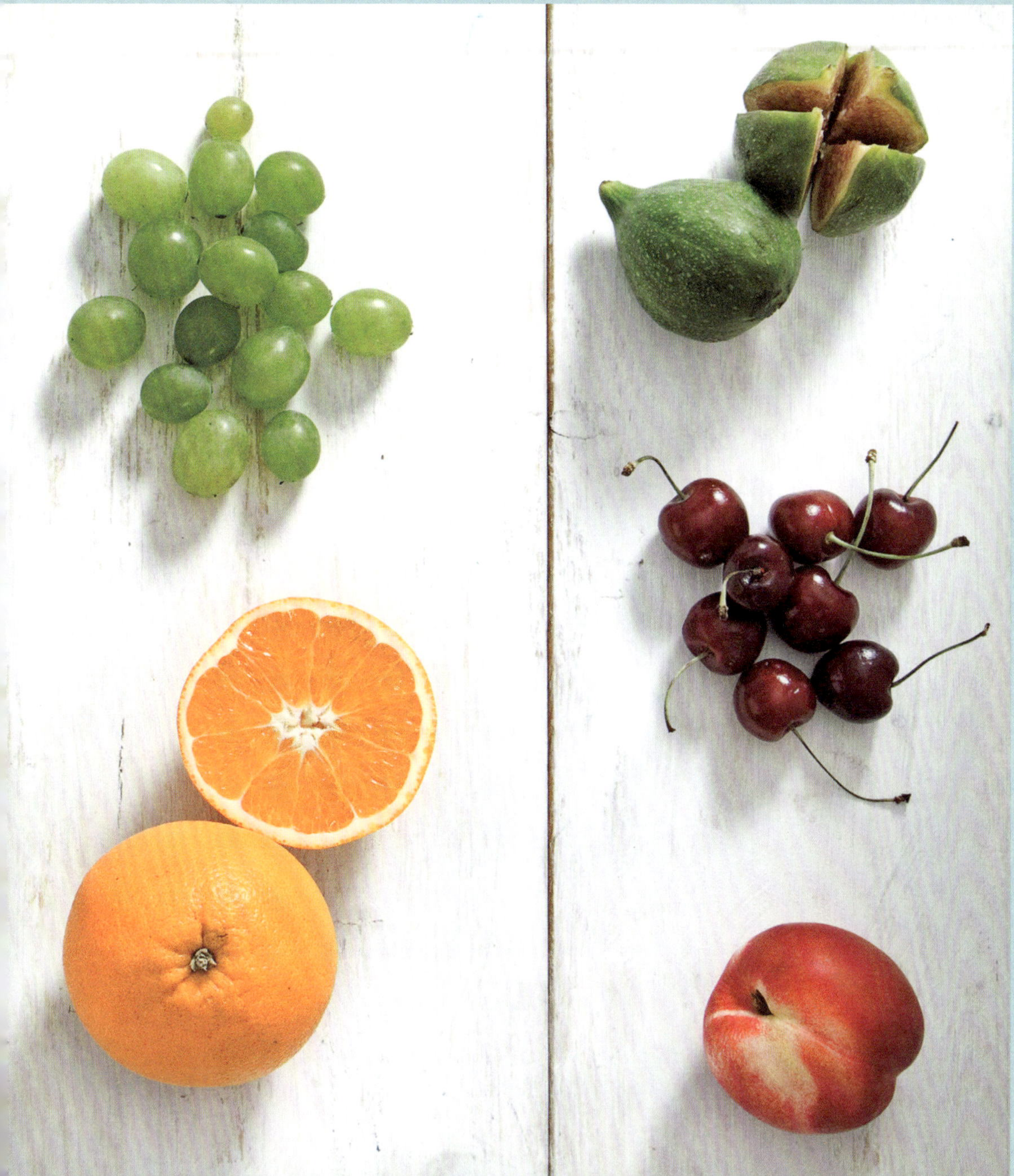

CRUSTÁCEOS E MOLUSCOS

A necessidade de grelhar os crustáceos e os moluscos após o cozimento no lava-louça varia conforme a receita. No caso dos bivalves, no entanto, é fundamental colocá-los no lava-louça apenas depois que as conchas estiverem abertas. Para isso, utilize uma frigideira, pois as conchas não vão abrir completamente em baixa temperatura.

OVOS

O ideal é que os ovos sejam cozidos a uma temperatura inferior a 65 °C, por um tempo variável, de acordo com o resultado desejado. Neste livro, há apenas uma receita com ovos, devido às grandes diferenças no nível de cozimento de cada modelo de lava-louça. Nos eletrodomésticos mais modernos, de baixo consumo, o ovo não endurece completamente ou fica mole demais; nos modelos mais antigos, ao contrário, os ovos ficam bem cozidos no programa Intensivo, moles no Normal e à la coque no Econômico. Para cozinhar um ovo no lava-louça, basta colocá-lo em um pote cheio de água fria. Ao final do programa, é só abrir e degustar. A baixa temperatura, as proteínas do ovo coagulam, mas a consistência permanece cremosa, nunca ficando borrachuda ou farelenta. Para tirar o máximo proveito de seu lava-louça ao cozinhar ovos, sugiro testar os vários tipos de ciclo.

HORTALIÇAS

As hortaliças cozidas no lava-louça ficam crocantes e mantêm as propriedades nutritivas. Este cozimento é adequado a vários tipos de verduras, como aspargos, abobrinha, couve, espinafre, pimentão e cebola.

COGUMELOS

Pode-se cozinhar cogumelos no lava-louça depois de limpá-los e cortá-los. No programa Econômico, eles ficam al dente; no programa Intensivo, mais tenros.

FRUTAS

Antes de cozinhar frutas no lava-louça, é importante lavá-las bem e retirar as sementes e o miolo. Ao utilizar os programas Econômico ou Normal, é importante cortar as frutas em pedaços pequenos; no programa Intensivo, no entanto, é possível deixá-las em gomos ou em fatias maiores. Se forem cozidas a baixa temperatura em saquinhos selados a vácuo, as frutas ficam translúcidas e têm sua consistência modificada, mas as propriedades nutritivas e organolépticas permanecem inalteradas.

LEGUMINOSAS E CEREAIS

As baixas temperaturas não são adequadas para leguminosas e cereais, que precisam cozinhar a mais de 85 °C; por esse motivo não podem ser cozidos no lava-louça, mas podem ser utilizados já cozidos para fazer uma terrina, por exemplo.

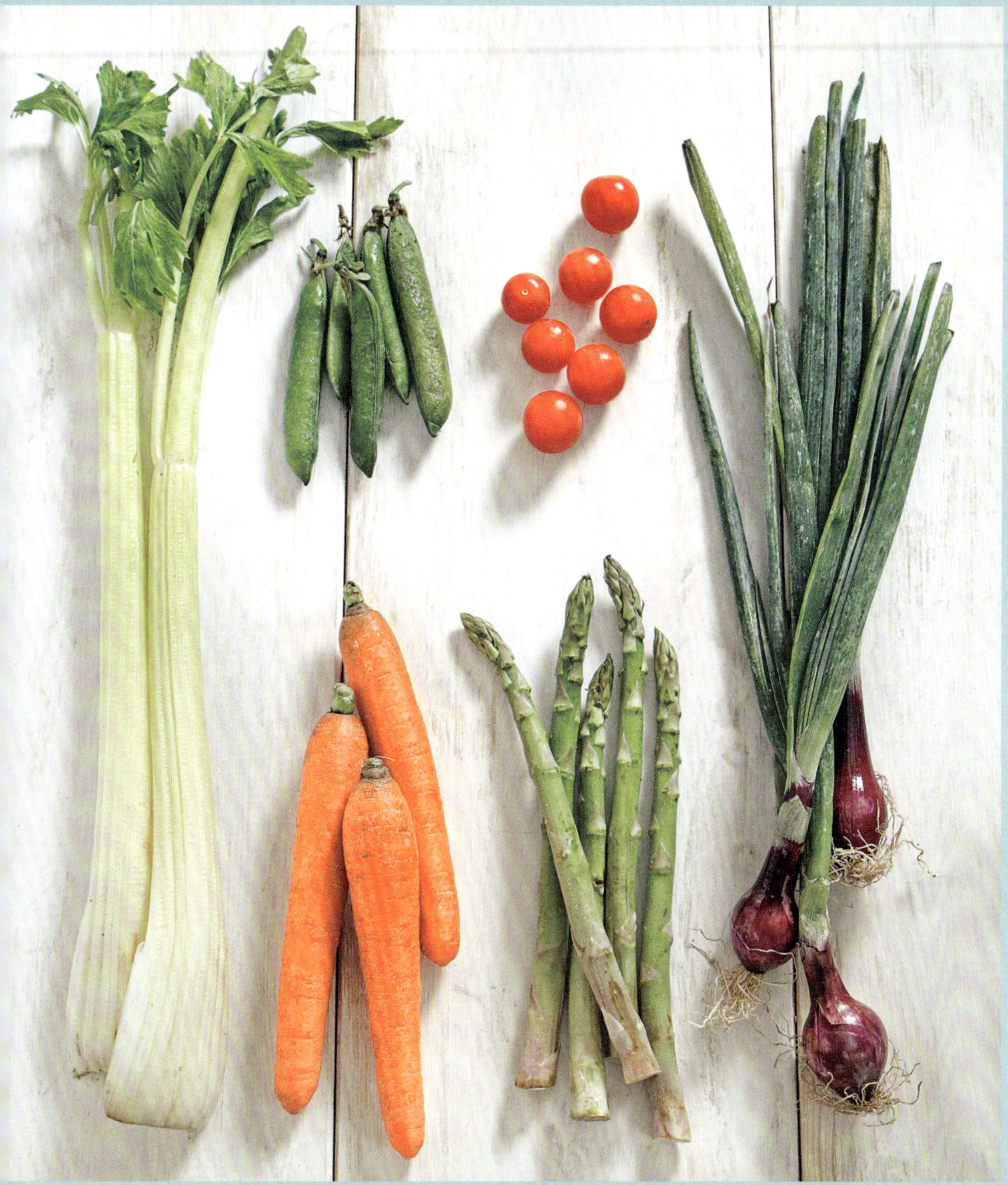

À MESA

Na hora de servir, os potes substituem os pratos, já que as refeições podem ser consumidas diretamente nos recipientes em que foram preparadas. Os potes estarão muito quentes ao término do ciclo, o que é uma vantagem, pois os alimentos se manterão aquecidos por mais tempo. Apenas tenha cuidado para não se queimar.
Experimente levar os potes à mesa tanto em jantares informais como nos mais elegantes. Seus convidados vão gostar dessa atitude, que, aliás, está sendo adotada por vários restaurantes sofisticados.
Os alimentos cozidos a vácuo, no entanto, devem ser retirados do saquinho e, na maioria das vezes, dourados na frigideira.
Lembre-se de que os alimentos servidos em pratos aquecidos acompanhados de molhos quentes permanecerão assim por mais tempo.
Se os alimentos cozidos em saquinhos o deixam perplexo, pense que com certeza você já provou alimentos cozidos com essa técnica, que é amplamente difundida em muitíssimos restaurantes, sobretudo os de alta gastronomia.

DICAS PARA USAR OUTROS PROGRAMAS

Os lava-louças costumam ter outros programas além do Rápido, do Econômico, do Normal e do Intensivo. Programas como Pré-lavagem, Louças delicadas ou Cristais, Enxágue etc. não são tão adequados para cozinhar, mas ainda assim podem ser úteis. Por exemplo, o calor do lava-louça pode ser aproveitado para aquecer ou manter os preparos aquecidos; para aquecer pratos, travessas e xícaras, ou para ajudar na fermentação do pão. A minha dica é experimentar sempre, buscando novos modos de aproveitar o calor do lava-louça no dia a dia.

Legenda das receitas

RECIPIENTE UTILIZADO

Indicam o tipo de recipiente a ser utilizado para o cozimento no lava-louça: potes de vidro com tampa hermética ou saquinhos próprios para cozimento a vácuo.
O número no interior do recipiente indica a capacidade recomendada em ml. Nas receitas deste livro, são utilizados potes com as seguintes capacidades: 150 ml, 250 ml, 300 ml, 350 ml e 1,5 litro. Todas as receitas foram calculadas para quatro pessoas, portanto serão necessários quatro potes, exceto nas receitas que precisam do recipiente de 1,5 litro. Para o cozimento a vácuo, basta um saquinho.

CONSERVAÇÃO

Indicam o prazo para consumo dos alimentos depois de cozidos no lava-louça. "Já" indica que o prato deve ser consumido no mesmo dia. Os números 1 e 3 indicam, respectivamente, que os preparos podem ser consumidos no dia seguinte ou em até 3 dias.

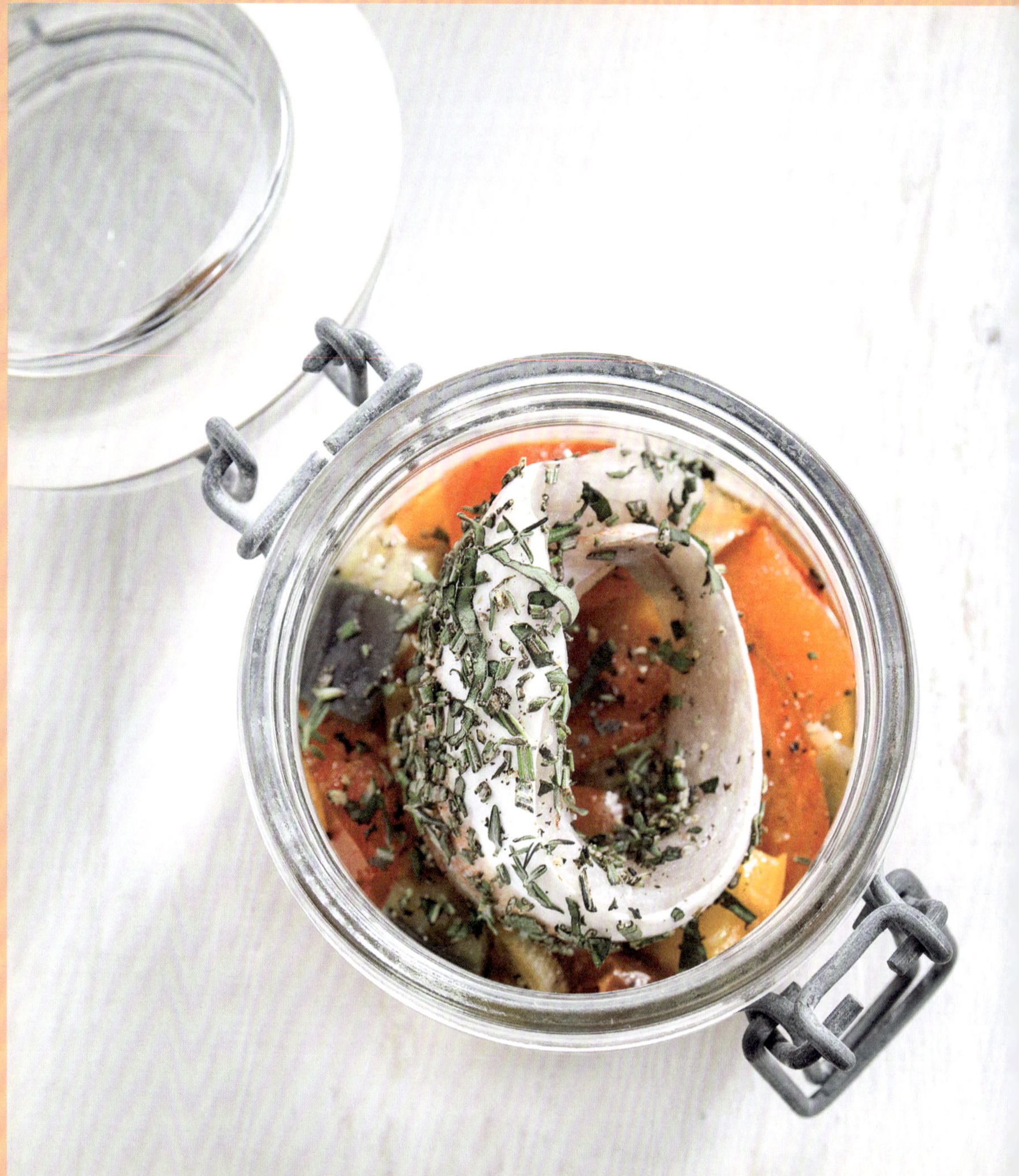

PROGRAMA
RÁPIDO

O programa Rápido é indicado
para peixes em filé ou cortados em pedaços
pequenos, mas você conseguirá excelentes
resultados com postas de atum
ou bonito, que ficarão bem cozidas
por fora e macias por dentro.

TRILHAS SOBRE CAPONATINA

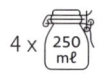

4 x 250 mℓ | 1

- → 4 CEBOLAS PEQUENAS
- → 2 TOMATES MADUROS
- → 1 PIMENTÃO VERMELHO
- → 1 PIMENTÃO AMARELO
- → 1 BERINJELA
- → SAL GROSSO
- → 2 COLHERES (SOPA) DE AZEITE DE OLIVA EXTRA VIRGEM
- → 1 COLHER (SOPA) DE VINAGRE
- → 800 G DE TRILHA
- → SAL
- → PIMENTA-DO-REINO
- → ERVAS (MANJERICÃO, TOMILHO, ORÉGANO E MANJERONA)

Corte as cebolas e os tomates em quartos. Corte os pimentões ao meio e retire o cabinho, as sementes e a parte branca do interior (assim o pimentão fica mais fácil de digerir). Corte a berinjela e os pimentões em cubos de cerca de 3 cm de lado. Coloque os cubos de berinjela em um escorredor com o sal grosso e deixe descansar cerca de 1 hora. Enquanto isso, aqueça metade do azeite e refogue a cebola, o pimentão e o tomate. Deixe cozinhar por 10 minutos em fogo médio. Desligue o fogo e reserve. Recoloque a panela no fogo com o restante do azeite e, quando estiver bem quente, adicione a berinjela enxaguada (para retirar o excesso de sal) e seca. Deixe no fogo até dourar e misture ao refogado de cebola e pimentão. Acrescente o vinagre e acerte o sal. Está pronta a caponatina. Lave, descame e limpe as trilhas. Corte em filés e enxugue bem. Unte uma frigideira antiaderente com um pouco de azeite e sele ambos os lados dos filés de trilha em fogo alto. Distribua a caponatina entre os potes, coloque os filés de trilha por cima e tempere com sal, pimenta-do-reino moída na hora e um fio de azeite. Pique as ervas e distribua-as por cima dos filés. Feche os potes, acomode-os no lava-louça e cozinhe no programa Rápido. Sirva assim que terminar o ciclo ou mantenha na geladeira até a hora de levar à mesa.

↖ Trilhas sobre caponatina

CAVALINHA COM CROSTA DE SEMENTES

- → 3 COLHERES (SOPA) DE GERGELIM
- → 3 COLHERES (SOPA) DE SEMENTES DE ABÓBORA
- → 3 COLHERES (SOPA) DE SEMENTES DE GIRASSOL
- → 3 COLHERES (SOPA) DE LINHAÇA
- → 4 FILÉS DE CAVALINHA (CERCA DE 400 G)
- → AZEITE DE OLIVA EXTRA VIRGEM
- → SAL
- → PIMENTA-DO-REINO

Acompanhamento:
- → SALADA VERDE
- → 2 COLHERES (SOPA) DE AZEITE DE OLIVA EXTRA VIRGEM
- → 1 COLHER (SOPA) DE VINAGRE DE VINHO BRANCO
- → MOSTARDA
- → SAL
- → PIMENTA-DO-REINO

Aqueça uma frigideira ou uma chapa e toste levemente as sementes, misturando bem. Lave e seque os filés de cavalinha e coloque sobre um prato raso. Unte um dos lados de cada filé com azeite e arrume sobre esse lado um punhado de sementes, pressionando para aderir bem. Embale os filés em saquinhos selados a vácuo, acomode no lava-louça e cozinhe no programa Rápido. Sirva a seguir ou guarde o peixe na geladeira. Para aquecer, retire delicadamente os filés dos saquinhos e coloque sobre uma chapa preaquecida levemente untada com azeite. Vire os filés com cuidado para não deixar as sementes se soltarem. Tempere com sal e pimenta-do-reino moída na hora e disponha nos pratos. Sirva com salada verde e regue com um molho feito a partir da mistura dos demais ingredientes.

Cavalinha com crosta de sementes ↗

RÁPIDO

Robalo com sementes de papoula e creme de pimentão amarelo ↑

ROBALO COM SEMENTES DE PAPOULA E CREME DE PIMENTÃO AMARELO

- → 4 FILÉS DE ROBALO (CERCA DE 500 G)
- → AZEITE DE OLIVA EXTRA VIRGEM
- → SEMENTES DE PAPOULA (OU GERGELIM PRETO)
- → 1 DENTE DE ALHO
- → 2 PIMENTÕES AMARELOS
- → SAL
- → PIMENTA-DO-REINO

Lave e seque os filés e unte com azeite. Passe nas sementes (ou no gergelim, se preferir) de ambos os lados e pressione para aderir bem. Coloque os filés nos saquinhos com um pouco do alho amassado e feche a vácuo. Acomode os saquinhos no lava-louça e cozinhe no programa Rápido. Enquanto isso, espete um garfo nos pimentões e toste-os sobre uma boca do fogão, virando sempre para que fiquem queimados por igual. Coloque-os em um saquinho de papel, feche e deixe descansar por 5 minutos. Retire a pele, as sementes e os cabinhos. Triture a polpa e tempere a gosto com alho, sal e pimenta-do-reino moída na hora. Ao final do ciclo, retire os saquinhos do lava-louça. Consuma a seguir ou mantenha os filés na geladeira, dentro dos recipientes. Neste caso, antes de levar à mesa, aqueça uma chapa levemente untada com azeite e grelhe o robalo de ambos os lados. Disponha os filés de peixe sobre o creme de pimentão e regue com um fio de azeite.

PARGO COM FOLHAS DE NABO

- → 4 PARGOS
- → SAL
- → PIMENTA-DO-REINO
- → 500 G DE FOLHAS DE NABO
- → 1 COLHER (SOPA) DE AZEITE DE OLIVA EXTRA VIRGEM
- → 1 DENTE DE ALHO
- → 1 PIMENTA DEDO-DE-MOÇA FRESCA
- → VINHO BRANCO SECO

Descame, limpe, lave e seque os pargos. Corte em filés, sem tirar a pele. Coloque os filés nos saquinhos com um pouco de azeite, sal e pimenta-do-reino a gosto. Feche a vácuo, acomode no lava-louça e cozinhe no programa Rápido. Enquanto isso, corte as folhas de nabo e cozinhe no vapor por 5 minutos. Quando for servir, aqueça o azeite em uma frigideira grande e adicione o alho e a pimenta-dedo--moça para perfumar. Junte as folhas de nabo e salteie. Retire os filés dos saquinhos e coloque sobre as folhas de nabo. Acrescente um pouco de vinho branco, acerte o sal e sirva.

LULA COM PÁPRICA, ALHO E GENGIBRE

- → 400 G DE LULA
- → 2 DENTES DE ALHO
- → PÁPRICA PICANTE
- → AZEITE DE OLIVA EXTRA VIRGEM
- → UM PEDAÇO DE GENGIBRE
- → SAL
- → PIMENTA-DO-REINO

Limpe as lulas: puxe com as mãos a "pena" transparente que se encontra no interior do corpo e descarte-a; puxe a cabeça e as entranhas e, em água corrente, retire toda a pele que envolve o corpo e as nadadeiras laterais. Você vai obter quatro partes comestíveis: o corpo, os tentáculos e as duas nadadeiras. Aqueça uma chapa levemente untada com azeite e grelhe a lula por alguns segundos. Corte o corpo em anéis e distribua entre quatro potes. Corte os dentes de alho ao meio, sem tirar a casca, e coloque um pedaço em cada pote. Complete com uma pitada de páprica, um pouco de azeite e gengibre ralado. Tempere com sal e pimenta-do-reino. Acomode os potes no lava-louça e cozinhe no programa Rápido. Ao final, retire a lula dos potes e sirva.

ATUM COM MOLHO AGRIDOCE

- 1 POSTA DE ATUM (CERCA DE 450 G)
- 2 COLHERES (SOPA) DE AZEITE DE OLIVA EXTRA VIRGEM
- 2 COLHERES (SOPA) DE MEL
- CASCA E SUCO DE ½ LIMÃO-SICILIANO
- CASCA E SUCO DE ½ LARANJA
- SAL
- PIMENTA-DO-REINO

O atum, a cavala e o bonito são boas escolhas para quem gosta de peixes carnudos e com poucas espinhas. Compre a posta de atum já limpa e sem pele. Em uma vasilha, misture o azeite e o mel. Com um descascador, retire tirinhas da casca dos cítricos e adicione ao azeite com mel. Coloque o atum no saquinho para embalar a vácuo junto com o molho de cítricos. Sele o saquinho, acomode no lava-louça e cozinhe no programa Rápido. Ao final do ciclo, se não for consumir na hora, mantenha o peixe na geladeira. Antes de levar à mesa, abra o saquinho, recolha o caldo do cozimento e coloque em uma panelinha, adicione os sucos do limão e da laranja e leve ao fogo. Deixe reduzir até caramelizar. Aqueça uma frigideira e, quando estiver bem quente, doure rapidamente a posta de ambos os

↑ Atum com molho agridoce

RÁPIDO

lados. Corte o peixe em fatias finas e distribua entre os pratos. Regue com o molho de cítricos, tempere com sal e pimenta-do-reino e sirva.

LINGUADO COM VAGEM E GERGELIM

- → 4 FILÉS DE LINGUADO
- → 200 G DE VAGEM
- → UM PUNHADO DE GERGELIM
- → SUCO DE 1 LIMÃO
- → 2 COLHERES (SOPA) DE AZEITE DE OLIVA EXTRA VIRGEM
- → SAL
- → PIMENTA-DO-REINO

Coloque os filés em saquinhos separados e feche a vácuo. Limpe a vagem retirando as pontas, coloque em outro saquinho e feche a vácuo. Acomode os saquinhos no lava-louça e cozinhe no programa Rápido. Toste levemente o gergelim em uma frigideira e reserve. Ao término do ciclo, abra os saquinhos. Unte uma chapa ou frigideira e, quando estiver bem quente, doure os filés, primeiro do lado da pele, se houver. Disponha os filés de linguado nos pratos com a vagem. Prepare o molho: em uma vasilha, bata o suco de limão com o azeite até emulsionar. Tempere com sal e pimenta-do-reino e despeje sobre o linguado e a vagem. Decore com o gergelim tostado e sirva.

CUBOS DE ATUM COM BATATA E MOLHO DE IOGURTE

4 x 300 ml / 1

- → 1 POSTA DE ATUM (CERCA DE 400 G)
- → SAL
- → PIMENTA-DO-REINO
- → TOMILHO
- → ENDRO
- → 6 COLHERES (SOPA) DE AZEITE DE OLIVA EXTRA VIRGEM, MAIS UM POUCO PARA UNTAR
- → 4 COLHERES (SOPA) DE VINHO BRANCO SECO
- → 1 KG DE BATATA BOLINHA
- → 2 DENTES DE ALHO

Molho:
- → 1 DENTE DE ALHO
- → 250 G DE IOGURTE GREGO
- → SUCO DE ½ LIMÃO
- → AZEITE DE OLIVA EXTRA VIRGEM
- → ENDRO
- → SAL
- → PIMENTA-DO-REINO

Corte o atum em cubos grandes (com pelo menos 4 cm de lado). Tempere com sal e pimenta a gosto. Pique o tomilho e o endro. Unte levemente os cubos de atum com azeite e passe o peixe nas ervas (reserve um pouco para as batatas), pressionando para aderirem bem de todos os lados. Aqueça levemente uma frigideira untada com azeite e doure os cubos de atum por alguns segundos. Distribua os cubos entre potinhos. A seguir, tempere com 1 colher (sopa) de azeite, 1 colher (sopa) de vinho branco e acerte o sal e a pimenta. Feche os potes, acomode no lava-louça e cozinhe no programa Rápido. Enquanto isso, lave bem a casca das batatas. Cozinhe em panela de pressão por 10 minutos contados a partir do momento em que a panela começar a chiar. Em uma frigideira grande, aqueça o restante do azeite com os dentes de alho ligeiramente amassados. Salteie as batatas com as ervas picadas reservadas. Prepare o molho: em uma tigela, amasse o alho, junte o iogurte e o suco de limão. Misture bem e tempere com azeite, endro, sal e pimenta-do-reino. Ao término do ciclo, retire os potes do lava-louça. Se não for consumir imediatamente, mantenha na geladeira. Sirva o atum frio ou aquecido no micro-ondas nos próprios recipientes; neste caso, destampe antes de aquecer. Arrume as batatas salteadas em um prato de servir e coloque o molho de iogurte em uma molheira.

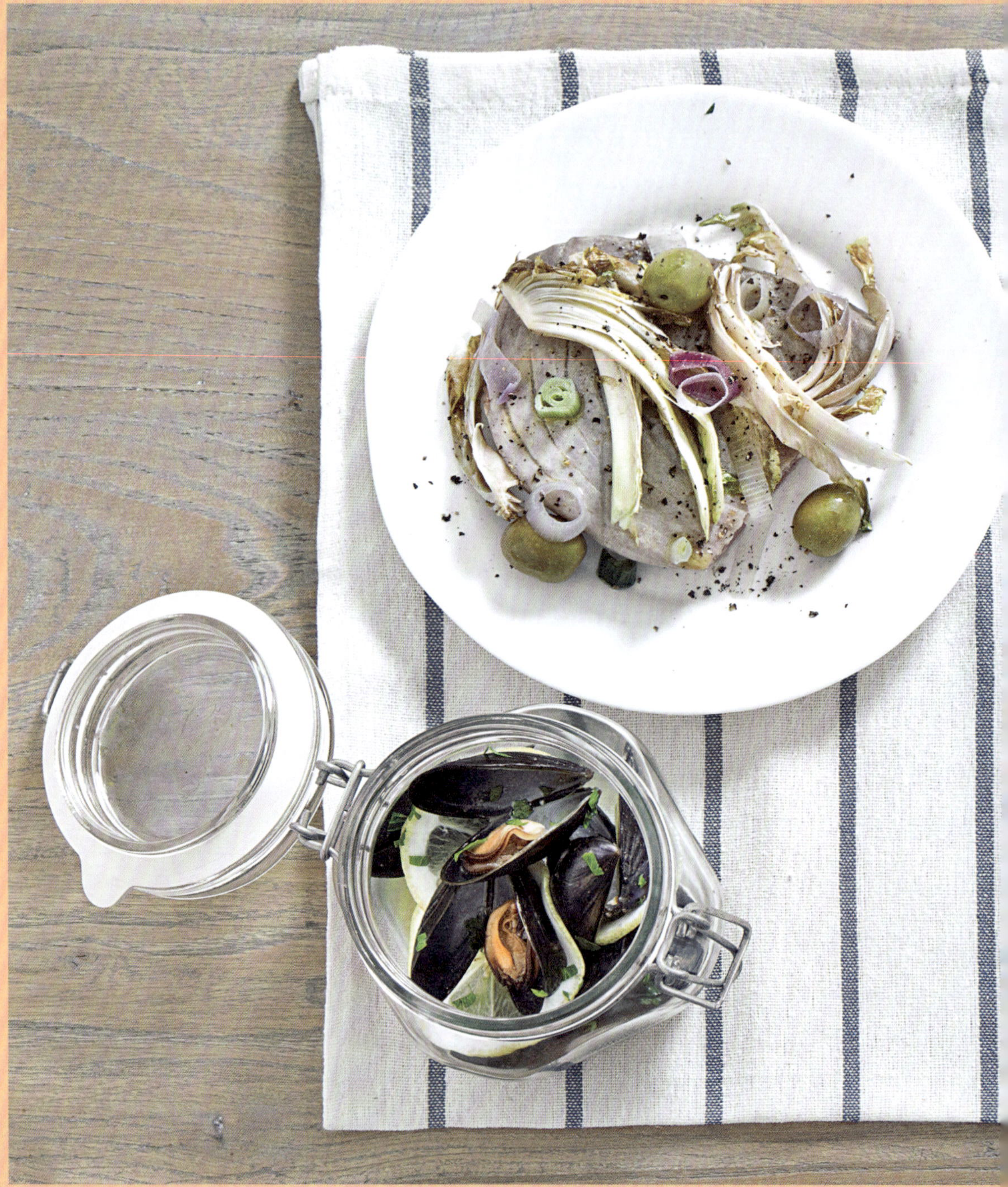

CARDÁPIO DE PRIMAVERA

Uma refeição leve e saborosa, feita à base de produtos da estação, pode começar com mexilhão, o mais sustentável dos produtos marinhos, preparado de forma "aparentemente" tradicional. Depois, sirva um pargo, que fica bem tenro ao ser cozido no lava-louça, e finalize com uma sobremesa saborosa e fácil de preparar à base de morangos.

MEXILHÕES APIMENTADOS

4 x 300 ml · JÁ

- 1 KG DE MEXILHÕES COM CONCHA
- 2 COLHERES (SOPA) DE AZEITE DE OLIVA EXTRA VIRGEM
- 4 DENTES DE ALHO
- 2 LIMÕES
- PIMENTA-DO-REINO EM GRÃO
- SALSINHA
- SAL

Acompanhamento:
- 1 DENTE DE ALHO
- FATIAS FINAS DE PÃO TOSTADO
- AZEITE DE OLIVA EXTRA VIRGEM
- SAL
- PIMENTA-DO-REINO

Lave os mexilhões e limpe bem as conchas. Leve uma frigideira ao fogo com o azeite, coloque os mexilhões e deixe no fogo até abrirem. Filtre o caldo do cozimento e reserve. Corte os limões em rodelas finas e coloque uma no fundo de cada pote. Retire da concha metade dos mexilhões. Distribua os mexilhões (com e sem concha) entre os potes. Com a lateral da lâmina de uma faca, esmague os dentes de alho inteiros e coloque um em cada pote. Adicione o caldo de cozimento reservado. Tempere com um pouco de pimenta-do-reino moída na hora, uma pitada de sal, as rodelas de limão restantes e salsinha picada. Feche os potes, acomode no lava-louça e cozinhe no programa Rápido. Enquanto isso, esfregue o alho em um dos lados de cada fatia de pão. Regue com um fio de azeite e tempere com sal e pimenta-do-reino a gosto. Leve ao forno para tostar por alguns minutos. Ao término do ciclo do lava-louça, leve os potes diretamente à mesa junto com as torradas de alho.

↙ Mexilhões apimentados

PARGO COM ENDÍVIA E AZEITONAS

1

- 450 G DE FILÉ DE PARGO
- AZEITE DE OLIVA EXTRA VIRGEM
- SAL
- PIMENTA-DO-REINO
- 1 CEBOLA PEQUENA
- UM PUNHADO DE AZEITONAS VERDES
- 2 MAÇOS DE ENDÍVIAS
- SALSINHA

Tempere os filés de pargo com azeite, sal e pimenta-do-reino. Coloque em um saquinho e sele a vácuo. Acomode no lava-louça e cozinhe no programa Rápido. Sirva logo após o término do ciclo ou, se preferir, mantenha o pargo na geladeira e consuma em até um dia. Antes de levar à mesa, corte finamente a cebola e refogue numa frigideira, em fogo baixo, com um pouco de azeite. Junte as azeitonas verdes, salteie e

RÁPIDO

Pargo com endívia e azeitonas ↓

Compota de morango com farelo de suspiro ↓

reserve. Corte a endívia em fatias, no sentido do comprimento, com cuidado para manter as folhas presas pelo talo. Coloque a endívia na mesma frigideira, tempere com um pouco de azeite, sal e pimenta-do-reino e salteie em fogo baixo por cerca de 5 minutos. Retire os filés de pargo dos saquinhos e doure rapidamente em uma frigideira preaquecida com um pouco de azeite. Distribua o pargo, a cebola, a endívia e as azeitonas entre os pratos. Tempere com um fio de azeite, polvilhe salsinha e sirva.

COMPOTA DE MORANGO COM FARELO DE SUSPIRO

4 x 150 ml | 3

→ 250 G DE MORANGOS FRESCOS
→ 1 COLHER (SOPA) DE AÇÚCAR
→ SUCO DE ½ LIMÃO-SICILIANO
→ 50 G DE SUSPIRO
→ FOLHAS DE HORTELÃ FRESCA

Lave e corte os morangos em pedaços pequenos. Em uma panelinha, junte o açúcar e o suco de limão e cozinhe por 5 minutos, misturando delicadamente. Esmague grosseiramente os suspiros e distribua metade do farelo nos potes. Divida a compota de morango nos potes e coloque o restante do farelo de suspiro por cima. Feche os potes, acomode no lava-louça e cozinhe no programa Rápido. Ao final do ciclo, leve à mesa ou conserve na geladeira. Sirva no próprio pote, decorado com folhas de hortelã.

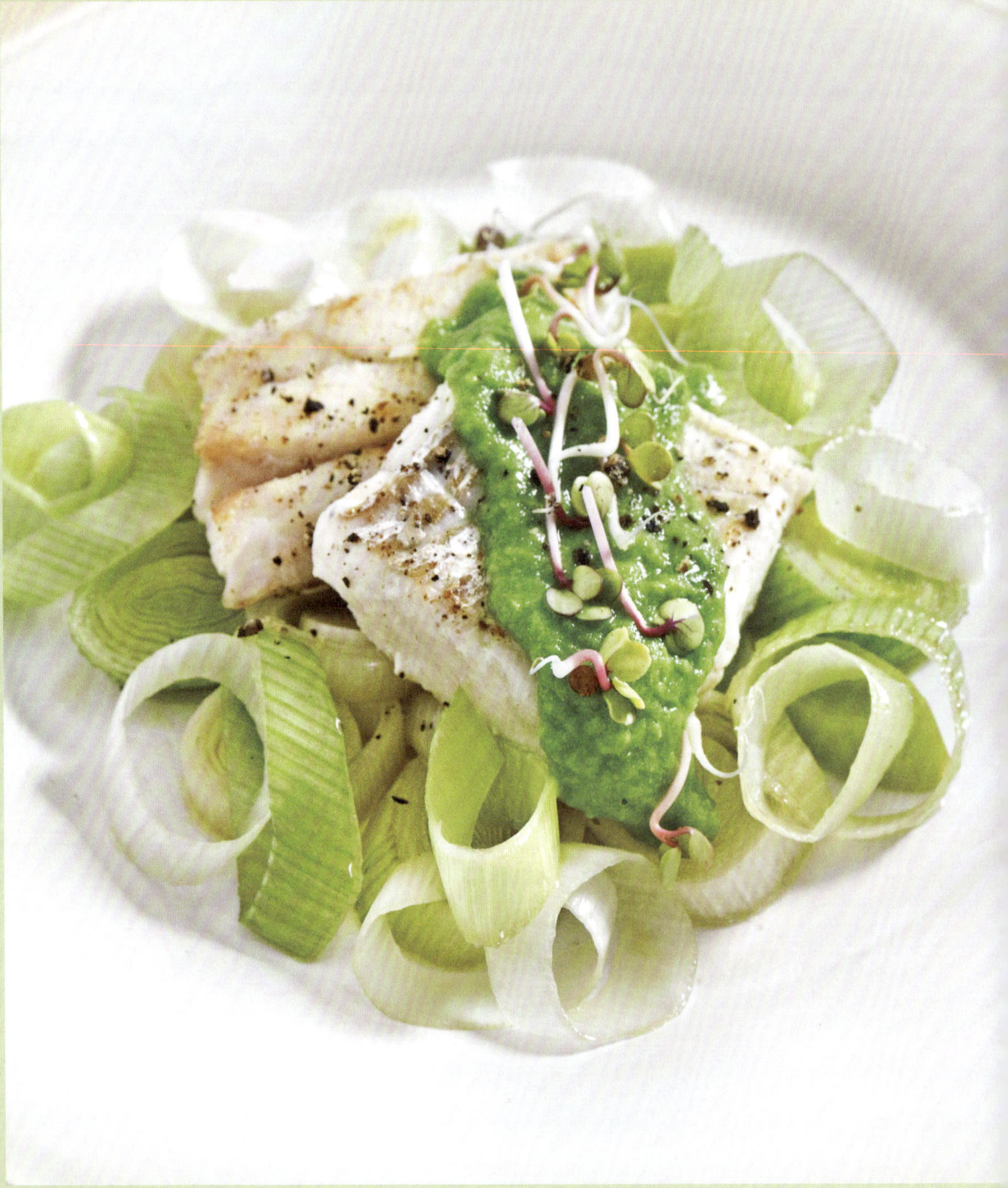

PROGRAMA ECONÔMICO

O programa Econômico,
o mais usado no dia a dia,
é indicado para cozinhar carnes,
porque elas ficam tenras e suculentas
se cozidas a baixa temperatura
por um longo tempo.

ROSBIFE COM ERVAS

3

- 500 G DE LAGARTO OU CONTRAFILÉ
- 1 DENTE DE ALHO
- 1 RAMO DE ALECRIM
- TOMILHO
- MANJERONA
- SAL
- PIMENTA-DO-REINO EM GRÃO
- AZEITE DE OLIVA EXTRA VIRGEM
- AMIDO DE MILHO
- ½ XÍCARA (CHÁ) DE VINHO BRANCO SECO

Retire o excesso de gordura da carne. Pique o alho, o alecrim, o tomilho e a manjerona, misture tudo e tempere com sal e pimenta-do-reino. Besunte a peça de carne com azeite e passe nas ervas, pressionando para aderir bem. Coloque a carne em um saquinho apropriado, acomode no lava-louça e cozinhe no programa Econômico. Ao término do ciclo, conserve a carne na geladeira por no máximo 3 ou 4 dias. Antes de levar à mesa, retire o rosbife do saquinho, aqueça levemente uma chapa untada com azeite e grelhe delicadamente a carne de todos os lados. Retire o líquido de cozimento do saquinho e coe em uma panelinha. Junte uma pitada de amido de milho e o vinho, misture e deixe reduzir. Corte o rosbife em fatias bem finas, regue com o molho e sirva acompanhado de hortaliças da estação.

ENROLADINHOS COM MOSTARDA

3

- 400 G DE FILÉ DE CARNE MAGRA (PREFIRA CARNES DE SEGUNDA, COMO A PALETA)
- 2 COLHERES (SOPA) DE MOSTARDA
- AZEITE DE OLIVA EXTRA VIRGEM
- SAL
- PIMENTA-DO-REINO
- VINAGRE BALSÂMICO

Disponha as fatias de carne em um prato e besunte com bastante mostarda. Caso tenha à disposição mostarda em grão, moa-os finamente e espalhe uma camada sobre a carne. Enrole cada fatia, formando pequenos rolos. Coloque com cuidado dentro de um saquinho e sele a vácuo. Acomode no lava-louça apenas quando iniciar o programa Econômico. Ao término do ciclo, retire o saquinho e mantenha sob refrigeração até a hora de servir. A carne pode ser conservada de 3 a 4 dias. Na hora de levar à mesa, aqueça levemente os rolinhos em uma frigideira untada com azeite. Sobre uma tábua, corte os enroladinhos ao meio e distribua entre os pratos. Finalize com sal, pimenta-do-reino moída na hora e algumas gotas de vinagre balsâmico. Legumes da estação salteados são um ótimo acompanhamento.

MIX DE CRUSTÁCEOS

4 × 300 ml   1

- 8 CAMARÕES GRANDES
- 8 CAVAQUINHAS
- 1 CEBOLA PEQUENA
- 2 CENOURAS
- 2 TALOS DE SALSÃO
- 1 PIMENTÃO
- AZEITE DE OLIVA EXTRA VIRGEM
- SAL
- VINAGRE
- PIMENTA-DO-REINO

Escolha camarões e cavaquinhas bem frescos e, de preferência, pescados em locais próximos à sua região. Você pode preparar esta receita também com lagosta, lagostim e caranguejo. Para simplificar o prato, retire a carne dos crustáceos das cascas. Se tiver dificuldade de limpar os crustáceos crus, afervente e depois retire a cabeça, a cauda, a casca e a tripa do dorso. Corte a cebola em rodelas e os demais vegetais à juliana (em tiras finas e compridas). Distribua os vegetais em potes de vidro.

Junte os crustáceos e tempere com um pouco de azeite e sal. Feche bem os potes, acomode no lava-louça e cozinhe no programa Econômico. Ao término do ciclo, consuma imediatamente ou mantenha o mix na geladeira por algumas horas antes de servir. Na hora de levar à mesa, prepare um molho com azeite, vinagre, sal e pimenta-do-reino a gosto e regue o mix de crustáceos para realçar o sabor.

Mix de crustáceos

ALCATRA COM COGUMELOS

3

→ 500 G DE ALCATRA
→ ½ XÍCARA (CHÁ) DE VINHO TINTO SECO
→ BAGAS DE ZIMBRO
→ PIMENTA-DO-REINO EM GRÃO
→ 500 G DE COGUMELOS FRESCOS À SUA ESCOLHA (FUNGHI PORCINI, SHITAKE, COGUMELOS-DE-PARIS)
→ 1 COLHER (SOPA) DE AZEITE DE OLIVA EXTRA VIRGEM
→ 1 DENTE DE ALHO
→ 2 COLHERES (SOPA) DE SALSINHA PICADA
→ SAL
→ PIMENTA-DO-REINO

Em um saquinho, coloque a carne, 2 colheres (sopa) do vinho tinto, uma ou duas bagas de zimbro, alguns grãos de pimenta-do-reino e sele a vácuo. Acomode no lava-louça e cozinhe no programa Econômico. Escove os cogumelos e corte em lâminas. Aqueça o azeite em uma frigideira e refogue o alho e a salsinha. Junte os cogumelos e salteie por cerca de 5 minutos. Regue com o restante do vinho tinto e deixe reduzir o líquido que se formou. Ao término do ciclo, retire o saquinho e mantenha-o na geladeira até a hora de servir. Antes de levar à mesa, aqueça rapidamente a carne junto com os cogumelos em uma panela. Corte a carne em fatias finas, tempere com sal e pimenta-do-reino moída na hora e distribua entre os pratos. Sirva imediatamente.

ECONÔMICO

CARDÁPIO DE PRIMAVERA

Este cardápio foi elaborado de forma a não desperdiçar os alimentos, por isso vamos utilizar tanto as ervilhas como suas vagens. Pode ser preparado no lava-louça de véspera e ser servido no dia seguinte em uma única refeição ou em várias: o cuscuz, fresco e leve, no almoço, e o linguado com vagem e gergelim preto no jantar, com uma deliciosa sobremesa de cerejas com chantili e pistache.

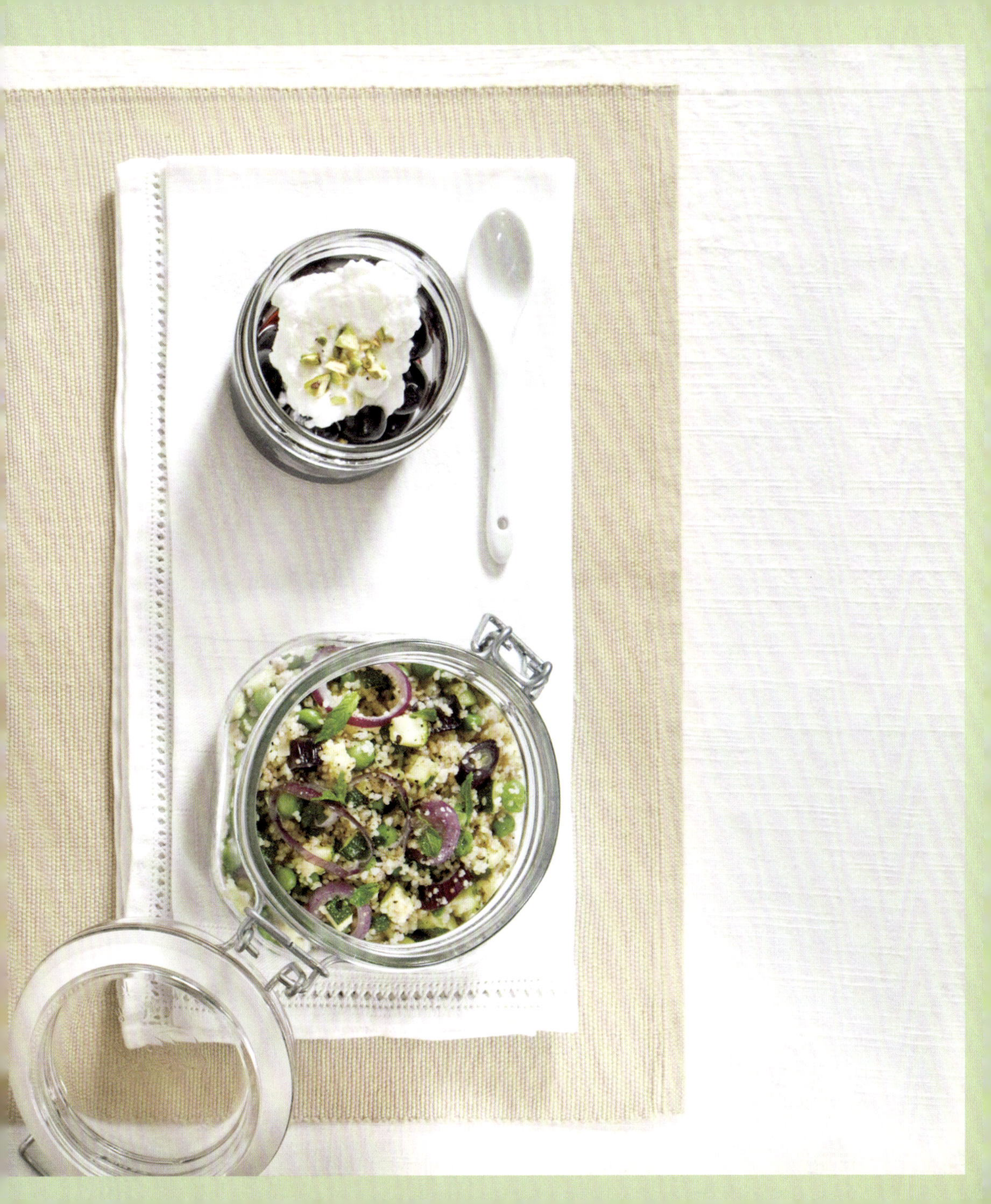

↙ Cuscuz com abobrinha, ervilhas e hortelã

CUSCUZ COM ABOBRINHA, ERVILHAS E HORTELÃ

4 x 350 mℓ | 3

- → 1 CEBOLA ROXA
- → 2 ABOBRINHAS PEQUENAS
- → 1 COLHER (SOPA) DE AZEITE DE OLIVA EXTRA VIRGEM
- → 2 XÍCARAS (CHÁ) DE CALDO DE LEGUMES
- → 350 G DE ERVILHAS SEM A VAGEM
- → 200 G DE CUSCUZ MARROQUINO PRÉ-COZIDO
- → HORTELÃ FRESCA
- → SAL
- → PIMENTA-DO-REINO

Corte a cebola em rodelas e as abobrinhas em cubos pequenos. Aqueça o azeite em uma frigideira e refogue a cebola. Junte a abobrinha e salteie por 5 minutos. Regue com o caldo e, quando começar a ferver, junte as ervilhas. Deixe cozinhar por 5 minutos. Distribua o cuscuz entre os potes e acrescente o refogado de abobrinha e ervilhas e o caldo. Complete com a hortelã. Regue com um fio de azeite, tempere com sal e pimenta-do-reino e misture tudo. Feche os potes, acomode no lava-louça e cozinhe no programa Econômico. Sirva o cuscuz a seguir ou mantenha sob refrigeração por até 3 dias. Pode ser servido em temperatura ambiente.

LINGUADO SOBRE LEITO DE ALHO-PORÓ COM PURÊ DE VAGEM

1

- → 450 G DE FILÉ DE LINGUADO
- → AZEITE DE OLIVA EXTRA VIRGEM
- → ½ XÍCARA (CHÁ) DE VINHO BRANCO SECO
- → SAL
- → PIMENTA-DO-REINO
- → TOMILHO
- → CERCA DE 800 G DE VAGENS DE ERVILHA (APENAS AS VAGENS)
- → 1 ALHO-PORÓ
- → 1 COLHER (SOPA) DE MANTEIGA
- → UM PUNHADO DE BROTOS VARIADOS

Linguado sobre leito de alho-poró com purê de vagem ↓

Se adquirir o linguado inteiro, lave, limpe, retire a pele e as escamas e corte em filés. Coloque os filés em saquinhos, tempere com um pouco de azeite, vinho branco, sal, pimenta-do-reino e tomilho. Sele os saquinhos a vácuo, acomode no lava-louça e cozinhe no programa Econômico. Enquanto isso, prepare o creme de vagem. Cozinhe as vagens, lavadas e sem as pontas, no vapor por 10 minutos (ou por 5 minutos na panela de pressão) e pique grosseiramente. Lave e seque o alho-poró. Retire a parte verde-escura do alho-poró e pique. Corte a parte branca em fatias grossas. Em uma frigideira, derreta a manteiga, acrescente um fio de azeite e refogue a parte verde-escura do alho-poró por alguns minutos em fogo baixo. Junte a vagem picada, tempere com sal e pimenta-do-reino e salteie por cerca de 3 minutos. Triture tudo no processador ou no passa-legumes até obter um purê granulado e consistente. Acerte o sal e mantenha o purê sob refrigeração. Na mesma frigideira, refogue a parte branca do alho-poró com mais um pouco do azeite, o restante do vinho e 2 colheres (sopa) de água. Deixe cozinhar em fogo baixo até o líquido evaporar totalmente e o alho-poró ficar macio. Na hora de servir, aqueça o alho-poró salteado e doure os filés, separadamente. Aqueça o purê de vagem (no micro-ondas ou no fogão). Faça um leito de alho-poró salteado e disponha os filés de linguado por cima. Coloque 1 colher (sopa) de purê de vagem sobre os filés. Decore com os brotos e um fio de azeite. Sirva a seguir.

CEREJAS COM CHANTILI E PISTACHE

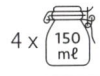

4 x 150 ml — 3

→ 600 G DE CEREJAS FRESCAS
→ 2 COLHERES (SOPA) DE AÇÚCAR DE CONFEITEIRO
→ SUCO DE ½ LIMÃO-SICILIANO
→ UM PUNHADO DE PISTACHES SEM CASCA
→ 100 ML DE CREME DE LEITE FRESCO

Corte as cerejas ao meio, retire os cabinhos e os caroços. Em uma tigela, coloque as cerejas, metade do açúcar e o suco de limão. Misture e distribua entre os potinhos. Feche bem, acomode no lava-louça e cozinhe no programa Econômico. Ao término do ciclo, retire os potes e mantenha na geladeira até o momento de servir. Antes de levar à mesa, aqueça um pouco as cerejas para que fiquem mornas. Triture grosseiramente os pistaches e bata o creme de leite com o açúcar restante até o ponto de chantili. Coloque um pouco do chantili em cada potinho e decore com os pedaços de pistache.

◊ Cerejas com chantili e pistache

CARDÁPIO DE VERÃO

Imagine um jantar de verão no terraço, em que você pode apreciar cada prato junto com seus convidados, sem ter de se preocupar com panelas no fogo ou ficar correndo para lá e para cá. Seu trabalho será apenas abrir o lava-louça e levar os recipientes à mesa. Uma dica: mantenha os recipientes fechados até o momento de comer para manter os alimentos aquecidos.

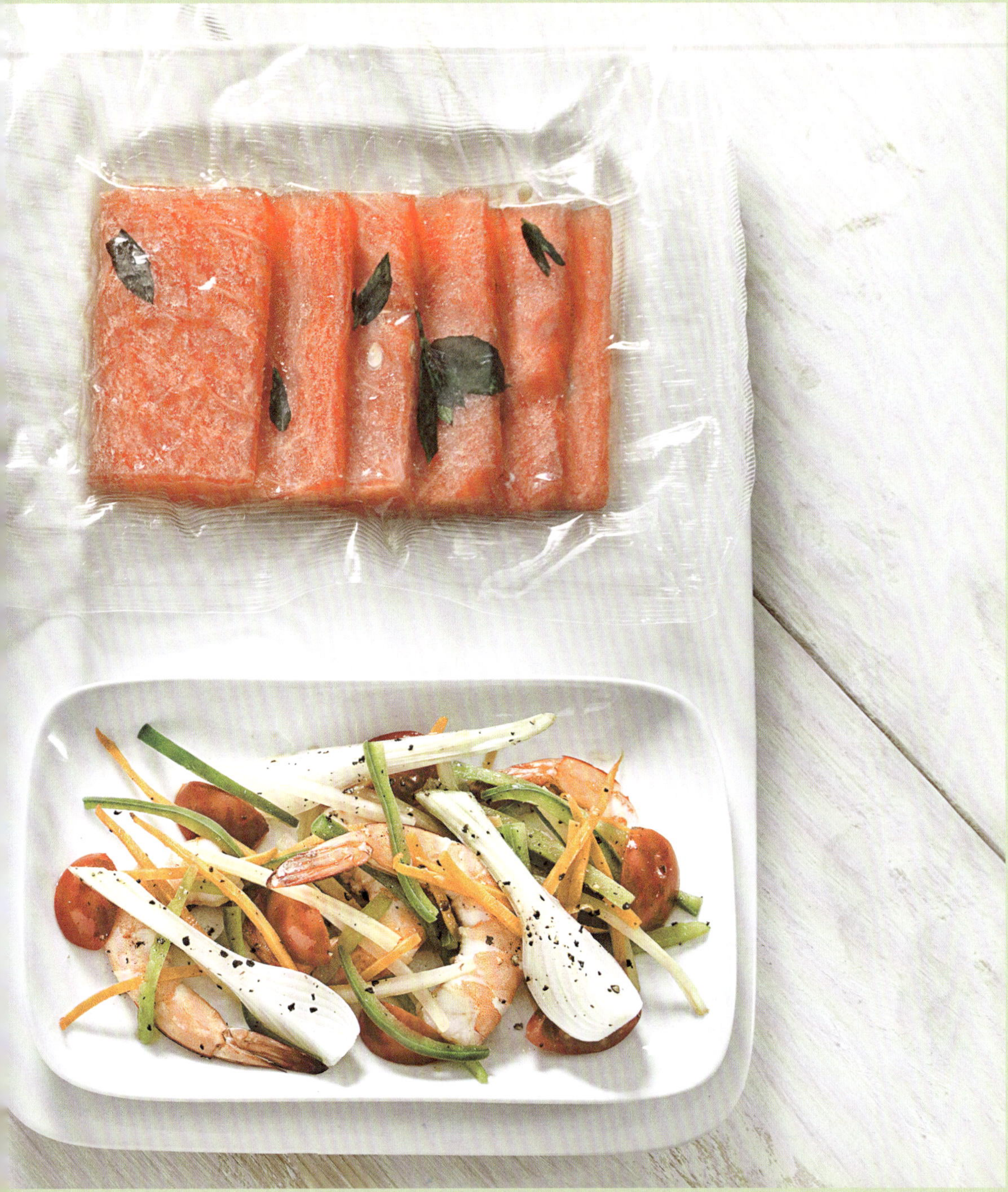

SALADA DE CAMARÃO E LEGUMES

4 x 300 mℓ | 1

- → 1 PIMENTÃO VERDE
- → 1 TALO DE SALSÃO
- → 1 CENOURA
- → 1 CEBOLA PEQUENA
- → 1 TOMATE
- → AZEITE DE OLIVA EXTRA VIRGEM
- → VINAGRE DE VINHO
- → SAL
- → PIMENTA-DO-REINO
- → 15 CAMARÕES

Lave e seque as hortaliças. Corte o pimentão ao meio e retire o cabinho, as sementes e a parte branca interna (assim ele fica mais digerível). Corte o salsão, a cenoura e o pimentão à juliana. Corte a cebola e o tomate em gomos. Tempere todas as hortaliças com o azeite, o vinagre, sal e pimenta-do-reino a gosto, e distribua entre os potes. Junte os camarões, já limpos. Tempere o camarão com azeite, sal e pimenta-do-reino e feche bem os potes. Acomode os potes no lava-louça e cozinhe no programa Econômico. Depois, mantenha na geladeira até a hora de levar à mesa. Sirva a salada nos potinhos, morna ou fria.

Salada de camarão e legumes ↓

ATUM COM PESTO DE AZEITONA

1

- → 1 POSTA DE ATUM (CERCA DE 450 G)
- → 150 G DE AZEITONAS PRETAS
- → 150 G DE AZEITONAS VERDES
- → 1 DENTE DE ALHO
- → UM PUNHADO DE ALCAPARRAS
- → FOLHAS DE MANJERICÃO FRESCO
- → SAL
- → PIMENTA-DO-REINO
- → AZEITE DE OLIVA EXTRA VIRGEM
- → SALADA DE FOLHAS DA ESTAÇÃO PARA ACOMPANHAR

Retire a pele da posta de atum, lave e seque bem. Retire o caroço das azeitonas. Num pilão, coloque as azeitonas, o alho, as alcaparras e o manjericão, e tempere com sal e pimenta-do-reino a gosto. Soque até obter uma mistura homogênea e cremosa. Unte levemente a posta de atum com azeite e coloque um pouco do pesto por cima. Coloque as postas dentro de um saquinho e sele a vácuo. Acomode no lava-louça e cozinhe no programa Econômico. Ao término do ciclo, retire o saquinho do aparelho e mantenha sob refrigeração. Antes de levar à mesa, aqueça as postas em uma chapa untada com um pouco de azeite, dourando dos dois lados. Sirva com uma salada de folhas da estação temperada a gosto.

MELANCIA COM HORTELÃ

3

→ 500 G DE MELANCIA
→ 1 COLHER (SOPA) DE AÇÚCAR
→ FOLHAS DE HORTELÃ FRESCAS

Corte a melancia em fatias finas retangulares e retire as sementes. As fatias devem ter o mesmo tamanho e formato. Prepare a calda: aqueça ½ xícara (chá) de água com o açúcar e deixe ferver por cerca de 5 minutos. Espere esfriar um pouco e despeje sobre as fatias de melancia. Coloque as fatias em um saquinho com algumas folhas de hortelã e sele a vácuo. Coloque no lava-louça e cozinhe no programa Econômico. Ao término do ciclo, guarde o saquinho na geladeira até a hora de servir. A melancia cozida a baixa temperatura fica com outra consistência e torna-se levemente translúcida. Sirva gelada em pratos de sobremesa ou diretamente no saquinho.

← Atum com pesto de azeitona

Melancia com hortelã ↘

CARDÁPIO DE OUTONO

Seus convidados jamais se esquecerão deste jantar outonal. Enquanto as vieiras, o peixe e as frutas cozinham no lava-louça, você terá tempo para arrumar a casa e a mesa. Quando chegarem, todos ficarão surpresos ao ver a cozinha em ordem e sem odores, e podem até duvidar de que tenha sido mesmo você que preparou tantos pratos saborosos.

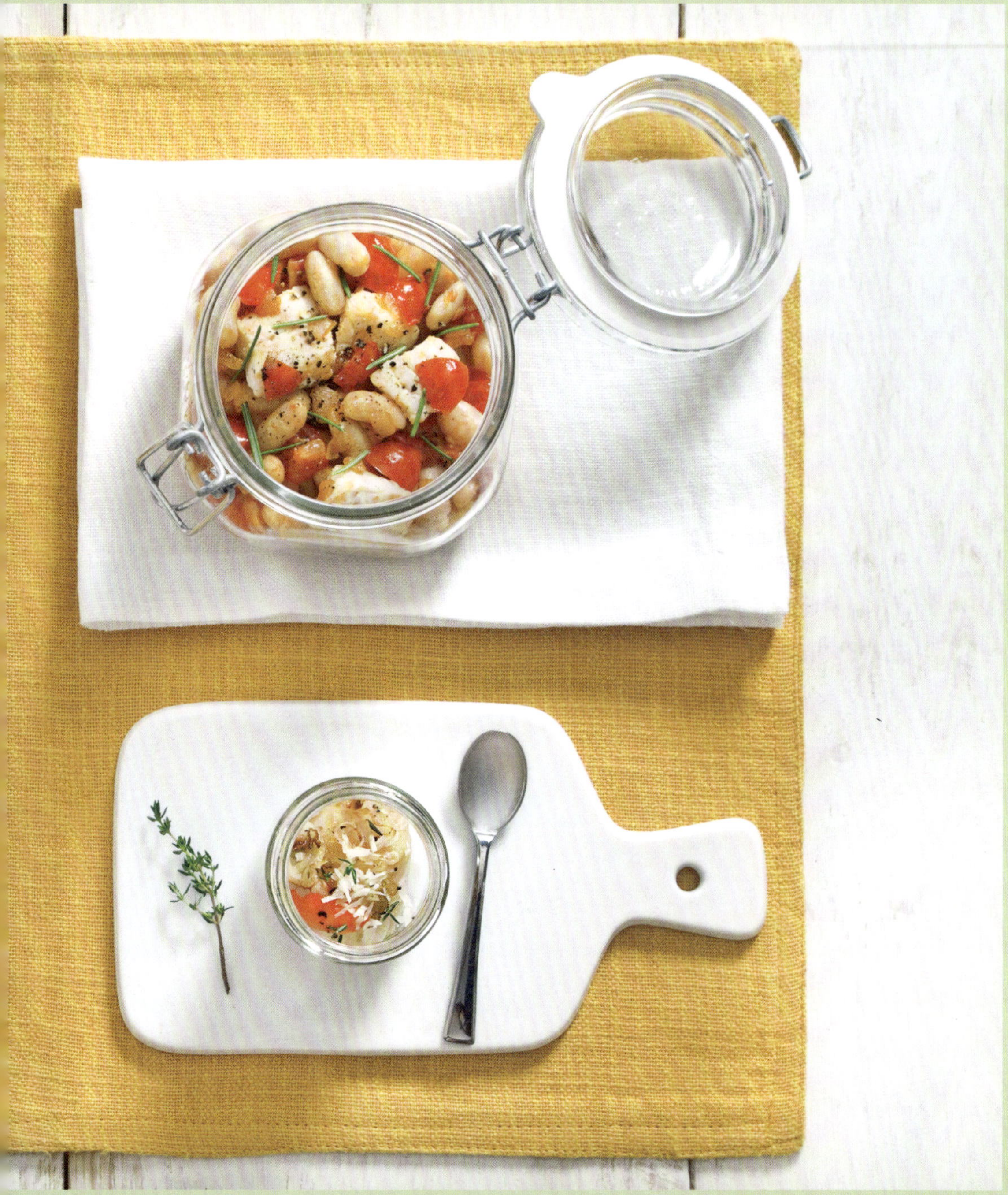

VIEIRAS COM CEBOLAS CROCANTES E LASCAS DE AMÊNDOAS

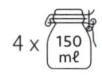

4 x 150 ml | JÁ

→ 2 CEBOLAS PEQUENAS
→ 60 G DE AMÊNDOAS EM LASCAS
→ AZEITE DE OLIVA EXTRA VIRGEM
→ 8 VIEIRAS
→ VINHO BRANCO SECO
→ SAL
→ PIMENTA-DO-REINO BRANCA

Corte as cebolas em fatias bem finas. Em uma frigideira, toste as lascas de amêndoas e reserve. Na mesma frigideira, aqueça azeite suficiente, doure levemente as cebolas e reserve. Refogue as vieiras 1 minuto de cada lado. Em cada pote, coloque 2 vieiras e um pouco da cebola refogada. Tempere com o azeite, um pouco do vinho, sal e pimenta-do-reino branca a gosto. Feche bem os potes, acomode no lava-louça e cozinhe no programa Econômico. Ao término do ciclo, abra os potinhos, salpique as amêndoas e sirva.

Vieiras com cebolas crocantes e lascas de amêndoas ↓

↓ Peixe-agulha com feijão branco ao pomodoro

PEIXE-AGULHA COM FEIJÃO BRANCO AO POMODORO

4 x 300 ml | 1

→ 400 G DE PEIXE-AGULHA
→ 1 CEBOLA PEQUENA
→ AZEITE DE OLIVA EXTRA VIRGEM
→ 12 TOMATES-CEREJAS
→ 250 G DE FEIJÃO BRANCO COZIDO
→ SAL
→ PIMENTA-DO-REINO
→ VINHO BRANCO SECO

ECONÔMICO

Corte o peixe em filés, lave, seque e, a seguir, corte em cubos. Pique a cebola e refogue em uma frigideira com um pouco do azeite. Junte o tomate-cereja, deixe cozinhar por alguns minutos e adicione o feijão. Tempere com sal e pimenta-do-reino a gosto. Distribua os cubos de peixe entre os potes e complete com o refogado de tomate e feijão. Acrescente um pouquinho de vinho branco, feche os potes e cozinhe no programa Econômico. Ao término do ciclo, finalize com um fio de azeite e leve à mesa.

arrume as frutas em pratos de sobremesa. Prepare o caramelo: em uma panelinha em fogo médio, coloque o açúcar e 3 colheres (sopa) de água filtrada e mexa até o açúcar dissolver. Pare de mexer e mantenha a mistura em fogo médio até alcançar o ponto de fio. Imediatamente, com a ajuda de um garfo, derrame fios de caramelo nos pratos, criando uma espécie de rede. Sirva a seguir.

TAGLIATA DE FRUTAS A BAIXA TEMPERATURA COM FIOS DE CARAMELO

3

→ 1 PERA
→ 1 MAÇÃ
→ 1 CACHO DE UVA
→ 100 G DE AÇÚCAR

Parta a pera e a maçã ao meio, retire o miolo e depois corte em fatias finas. Corte as uvas ao meio. Coloque as frutas em um saquinho, sele a vácuo e cozinhe no programa Econômico. Ao término do ciclo, guarde os saquinhos na geladeira (por no máximo 3 dias). Na hora de servir,

↓ Tagliata de frutas a baixa temperatura com fios de caramelo

ECONÔMICO

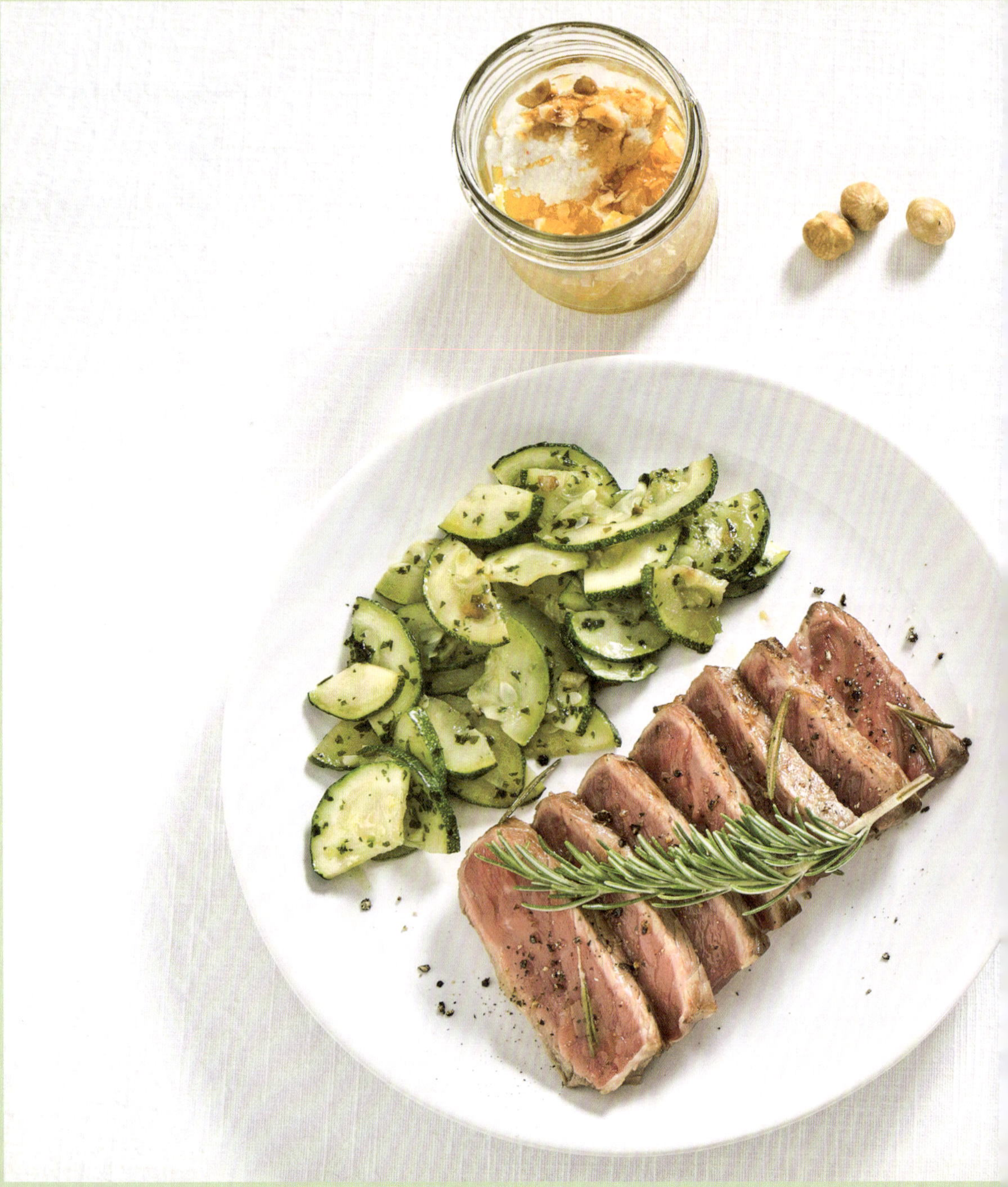

CARDÁPIO DE INVERNO

Um cardápio substancioso e quentinho é ideal para um jantar de inverno com amigos ou parentes. O ponto alto é a tagliata de contrafilé, acompanhada de outros pratos que combinam legumes e frutas da estação. O cardápio inteiro pode ser preparado com até três dias de antecedência e, no dia do evento, você poderá oferecer um jantar perfeito em poucos minutos e sem muito esforço.

Carpaccio de erva-doce, laranja e cebola ↓

TAGLIATA DE CONTRAFILÉ COM ALECRIM E ABOBRINHA SALTEADA

3

→ 2 DENTES DE ALHO
→ 2 RAMOS DE ALECRIM FRESCO
→ 1 PEÇA DE CONTRAFILÉ (CERCA DE 800 G)
→ 400 G DE ABOBRINHA (OU OUTRA HORTALIÇA DA ESTAÇÃO)

Tagliata de contrafilé com alecrim e abobrinha salteada ↓

CARPACCIO DE ERVA-DOCE, LARANJA E CEBOLA

4 x 250 mℓ   3

→ 2 LARANJAS
→ 1 CEBOLA PEQUENA
→ 2 BULBOS DE ERVA-DOCE
→ AZEITE DE OLIVA EXTRA VIRGEM
→ SAL
→ PIMENTA-DO-REINO

Lave e seque as laranjas e as hortaliças. Lave bem a casca das laranjas e corte em fatias finas triangulares. Corte a cebola e a erva-doce também em fatias finas. Distribua entre 4 potes camadas alternadas de laranja, cebola e erva-doce. Tempere com azeite, sal e pimenta-do-reino. Feche bem os potes, acomode no lava-louça e cozinhe no programa Econômico. Ao término do ciclo, guarde os potes na geladeira até a hora de montar os pratos de servir.

→ AZEITE DE OLIVA EXTRA VIRGEM
→ SAL
→ PIMENTA-DO-REINO

A tagliata de contrafilé combina com vários tipos de verduras e legumes: escolha o preferido de seus convidados. No inverno, por exemplo, repolho é uma boa opção. Soque o alho junto com o alecrim e esfregue metade dessa mistura no contrafilé. Coloque a carne em um saquinho e sele a vácuo. Acomode no lava-louça e cozinhe no programa Econômico. Corte as abobrinhas em fatias finas. Numa frigideira, aqueça 1 colher (sopa) de azeite com o restante da mistura de alho e alecrim. Junte as abobrinhas e salteie. Tempere com sal e pimenta-do-reino e deixe cozinhar por cerca de 5 minutos. Desligue o fogo e conserve na geladeira. Ao término do ciclo do lava-louça, mantenha o contrafilé sob refrigeração. Na hora de servir, aqueça uma chapa untada com azeite. Abra o saquinho e, quando a chapa estiver bem quente, doure a carne de todos os lados. Coloque o líquido do cozimento em uma panelinha e cozinhe até reduzir pela metade; acerte o sal. Corte a carne em fatias finas e sirva com o molho do cozimento e as abobrinhas.

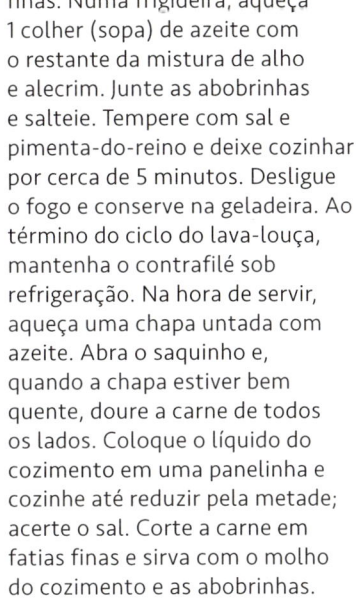

Tangerina com ricota e avelãs tostadas ↑

TANGERINA COM RICOTA E AVELÃS TOSTADAS

4 x 250 mℓ   3

→ 4 OU 5 TANGERINAS
→ 140 G DE AÇÚCAR DE CONFEITEIRO
→ 200 G DE RICOTA
→ CASCA DE ½ LIMÃO-SICILIANO
→ UM PUNHADO DE AVELÃS SEM CASCA TOSTADAS

Reserve 1 tangerina. Descasque e corte as demais em pedaços pequenos, descartando as sementes (você vai precisar de cerca de 350 g de gomos picados). Em uma panelinha, ferva 200 ml de água com metade do açúcar de confeiteiro e cozinhe por cerca de 10 minutos, até o líquido reduzir à metade. Adicione os gomos de tangerina picados, misture e desligue o fogo. Distribua a tangerina entre os potes e feche hermeticamente. Acomode os potes no lava-louça e cozinhe no programa Econômico. Lave bem o limão-siciliano. Com a ajuda de um raspador, retire tiras da casca e misture à ricota em uma vasilha. Adicione o suco da tangerina reservada e o restante do açúcar. Bata com um batedor manual até obter um creme homogêneo. Na hora de servir, coloque uma colherada do creme de ricota em cada pote e decore com as avelãs tostadas picadas grosseiramente.

ECONÔMICO

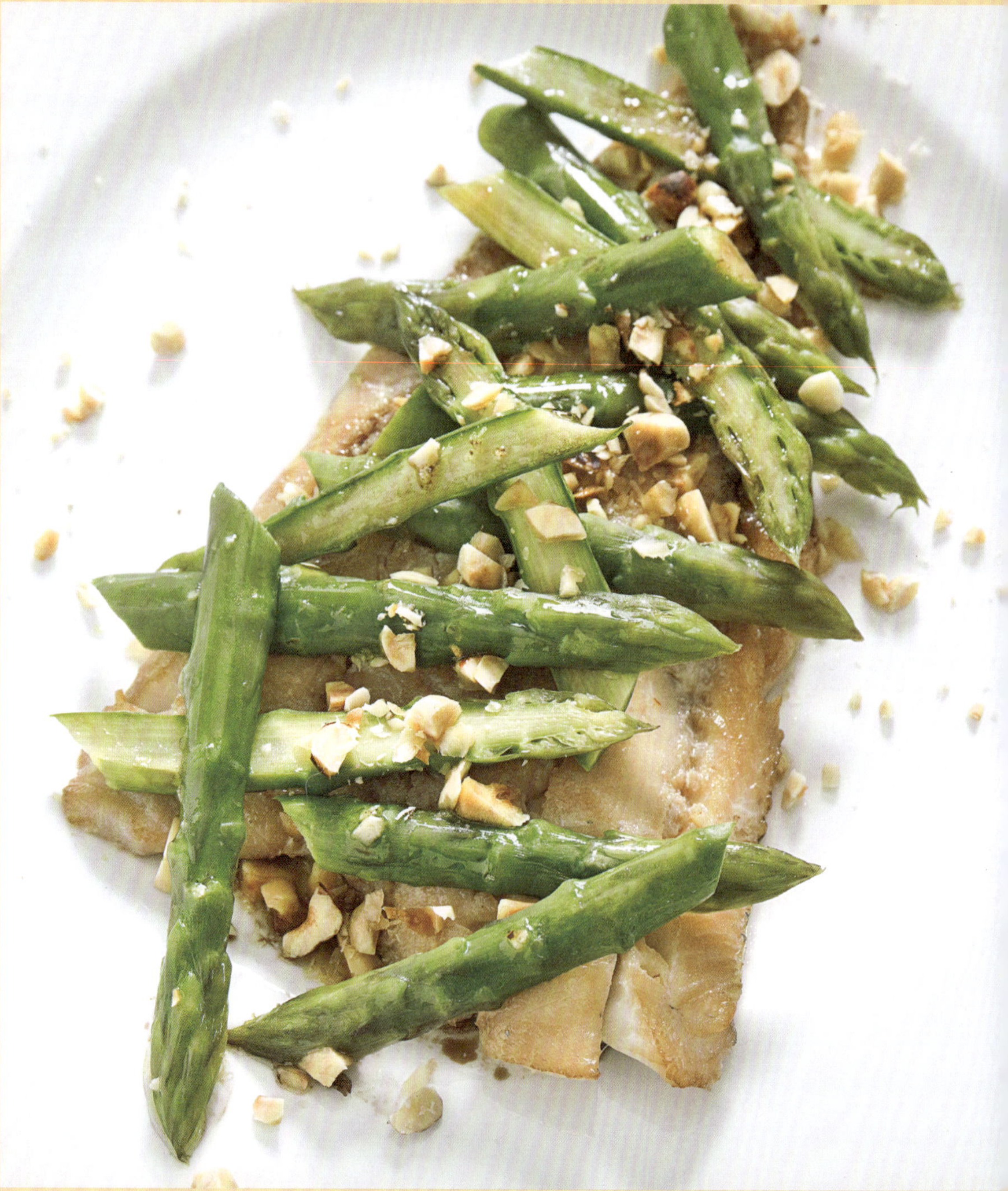

PROGRAMA NORMAL

O programa de lavagem Normal, também chamado de Dia a Dia, utiliza temperaturas entre 50-70 °C, dependendo da marca do lava-louça. Com esse programa obtém-se um cozimento a temperatura média, que pode ser utilizado em todo tipo de preparação e é adequado tanto para carnes como para peixes.

VIEIRAS CROCANTES SOBRE CREME DE ABÓBORA E GENGIBRE

4 x 250 ml | 1

- → 8 VIEIRAS
- → AZEITE DE OLIVA EXTRA VIRGEM
- → 1 CEBOLINHA
- → 400 G DE ABÓBORA
- → SAL
- → PIMENTA-DO-REINO
- → VINHO BRANCO SECO
- → 1 XÍCARA (CHÁ) DE CALDO DE LEGUMES
- → GENGIBRE FRESCO
- → CROSTINIS PARA ACOMPANHAR

Lave e seque as vieiras. Leve uma panela de pressão ao fogo com um pouquinho de azeite e, quando estiver bem quente, frite ligeiramente ambos os lados das vieiras. Retire do fogo e reserve as vieiras em local fresco. Lave e seque a cebolinha. Corte em fatias finas e refogue na panela de pressão com 2 colheres (sopa) de azeite. Descasque a abóbora (guarde as sementes e as fibras para outras receitas) e corte em cubos. Refogue com a cebolinha. Tempere com sal, pimenta-do-reino e um pouco de vinho branco. Espere o álcool evaporar, despeje o caldo e coloque a tampa. Deixe cozinhar por 15 minutos contados a partir do momento em que a panela começar a chiar. Espere a panela liberar todo o vapor e, com o processador, bata a mistura até obter um creme liso. A seguir, distribua entre os potes o creme, as vieiras e um pouco de gengibre ralado. Tempere com sal e pimenta-do-reino e feche bem. Acomode no lava-louça e cozinhe no programa Normal. Ao término do ciclo, guarde os potes na geladeira ou sirva imediatamente com crostinis.

ASSADO DE FRANGO COM MEL E MOSTARDA

| 3

- → 400 G DE FRANGO DESOSSADO
- → AZEITE DE OLIVA EXTRA VIRGEM
- → SAL
- → PIMENTA-DO-REINO
- → 4 COLHERES (SOPA) DE MOSTARDA EM GRÃO
- → 1 COLHER (SOPA) DE MEL
- → 1 DENTE DE ALHO
- → COMINHO EM PÓ
- → SAL GROSSO

Bata o frango sobre a tábua, para afinar e obter um formato retangular. Tempere com azeite, sal e pimenta-do-reino. Enrole o frango, amarre com um barbante e coloque em um saquinho junto com a mostarda, o mel, o alho e cominho e sal grosso a gosto. Com as mãos, faça movimentos para envolver o frango no tempero. Sele o saquinho a vácuo, acomode no lava-louça e cozinhe no programa Normal. Ao término do ciclo, abra o saquinho e doure o frango de todos os lados em uma frigideira bem quente levemente untada com azeite. Transfira o líquido do cozimento para uma panelinha e reduza em fogo brando. Sirva o frango cortado em fatias finas com o molho de mostarda e mel.

PEITO DE PATO COM ALHO-PORÓ

| 3

- → 4 ALHOS-PORÓS
- → 1 DENTE DE ALHO
- → 400 G DE PEITO DE PATO
- → AZEITE DE OLIVA EXTRA VIRGEM
- → SAL
- → PIMENTA-DO-REINO
- → TOMILHO FRESCO
- → ½ XÍCARA (CHÁ) DE VINHO BRANCO SECO
- → 2 COLHERES (SOPA) DE MOSTARDA EM GRÃO
- → 1 COLHER (SOPA) DE VINAGRE DE VINHO BRANCO

Lave e seque os alhos-porós. Corte a parte branca do alho-poró em quatro no sentido do comprimento (guarde a parte verde para utilizar em outra receita). Esfregue o alho no peito de pato. Coloque tudo em um ou mais saquinhos, tempere com um pouco de azeite, sal, pimenta-do-reino e tomilho. A seguir, sele os saquinhos, acomode no lava-louça e cozinhe no programa Normal. Ao término do ciclo, conserve os saquinhos na geladeira até a hora da refeição. Antes de servir, aqueça uma frigideira com um pouco de azeite e, quando estiver bem quente, doure a carne por igual, começando pela pele. Mantenha o peito de pato aquecido. Refogue o alho-poró na mesma frigideira, junte o líquido do cozimento e o vinho. Cozinhe por 5 minutos em fogo baixo. Prepare o molho: misture a mostarda, o vinagre, sal, pimenta-do-reino e 1 colher (sopa) de azeite. Antes de levar à mesa, fatie o peito de pato e divida entre os pratos. Complete com o alho-poró refogado e um pouco do molho de mostarda.

FRUTOS DO MAR COM AÇAFRÃO

4 x 300 mℓ | JÁ

- → 16 MEXILHÕES
- → 300 G DE VÔNGOLE
- → 300 G DE MARISCO
- → AZEITE DE OLIVA EXTRA VIRGEM
- → 1 XÍCARA (CHÁ) DE VINHO BRANCO SECO
- → SAL
- → PIMENTA-DO-REINO
- → 4 DENTES DE ALHO
- → AÇAFRÃO
- → CEBOLINHA

Coloque os frutos do mar em uma tigela com água fria. Numa panela, aqueça 1 colher (sopa) de azeite, junte os moluscos (após descartar a água) e leve ao fogo. Adicione o vinho e tempere com sal e pimenta-do-reino. Deixe cozinhar até as conchas se abrirem. Coe o líquido do cozimento. Retire metade dos moluscos de suas conchas. Distribua todos os frutos do mar e o líquido do cozimento entre os potes. Junte 1 dente de alho e um pouco de cebolinha picada e de açafrão em cada pote. Feche bem, acomode no lava-louça e cozinhe no programa Normal. Ao término do ciclo, retire os potes e sirva imediatamente.

↑ Frutos do mar com açafrão

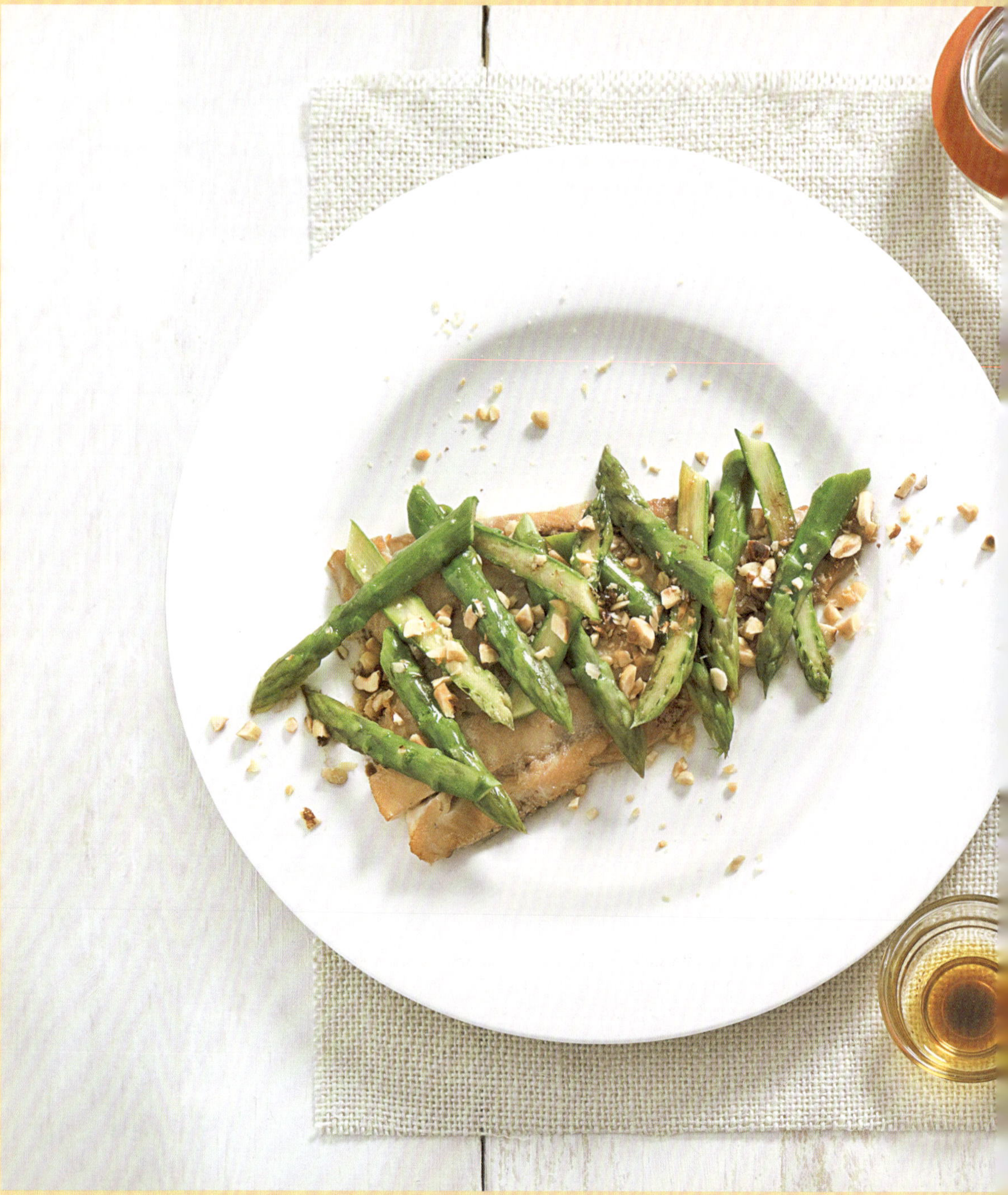

CARDÁPIO DE PRIMAVERA

Um cardápio elegante de pratos frios, que aproveita ao máximo os aspargos, desde as pontas até os talos fibrosos. Comece pelo camarão com creme de talos de aspargo; a seguir, deguste a cavalinha com pontas de aspargo e avelãs e, por fim, uma sobremesa original à base de cuscuz marroquino e cerejas.

CAMARÃO COM CREME DE TALOS DE ASPARGO

4 x 250 ml | 1

- → 16 CAMARÕES GRANDES
- → 500 G DE TALOS DE ASPARGO
- → 1 CEBOLA PEQUENA
- → AZEITE DE OLIVA EXTRA VIRGEM
- → SAL
- → PIMENTA-DO-REINO
- → ½ XÍCARA (CHÁ) DE CALDO DE LEGUMES
- → 4 RAMOS DE TOMILHO FRESCO

Camarão com creme de talos de aspargo ↓

Lave bem e limpe os camarões, tomando cuidado para não danificar a carne. Lave os talos de aspargo, raspe com um descascador e corte em pedaços pequenos. Corte a cebola em fatias finas. Em uma frigideira, aqueça 1 colher (sopa) de azeite e frite a cebola em fogo baixo. Junte os talos picados, tempere com sal e pimenta-do-reino e salteie por alguns minutos. Junte o caldo de legumes e cozinhe até evaporar. Triture os talos no processador ou no passa-legumes. Distribua o creme obtido entre os potes e coloque os camarões por cima. Tempere cada pote com um fio de azeite e 1 ramo de tomilho. Feche os potes, acomode no lava-louça e cozinhe no programa Normal. Ao término do ciclo, sirva ou mantenha na geladeira até a hora de levar à mesa.

CAVALINHA COM PONTAS DE ASPARGO E AVELÃS

2 x | 1

- → PONTAS DE 500 G DE ASPARGO
- → 4 FILÉS DE CAVALINHA (CERCA DE 450 G)
- → AZEITE DE OLIVA EXTRA VIRGEM
- → SAL
- → PIMENTA-DO-REINO
- → 1 DENTE DE ALHO PICADO
- → 1 COLHER (SOPA) DE VINAGRE BALSÂMICO
- → UM PUNHADO DE AVELÃS TOSTADAS

Corte as pontas de aspargo ao meio no sentido do comprimento. Coloque os filés de cavalinha em um saquinho, tempere com azeite, sal e pimenta-do-reino e sele a vácuo. Em outro saquinho, coloque as pontas de aspargo e feche também. Acomode os saquinhos no lava-louça e cozinhe no programa Normal.

Cavalinha com pontas de aspargo e avelãs ↙

↓ Pudim de cuscuz com cerejas e hortelã

Ao término do ciclo, mantenha os dois saquinhos na geladeira até a hora de consumir. Antes de levar à mesa, leve uma frigideira ao fogo com 2 colheres (sopa) de azeite e o alho, e salteie as pontas de aspargo. Tempere com sal e pimenta-do-reino. Em uma frigideira com azeite bem quente, doure os filés de ambos os lados. Junte o vinagre balsâmico e vire os filés para ficarem com uma coloração uniforme. Distribua entre os pratos os filés, as pontas de aspargo e, por último, decore com as avelãs tostadas grosseiramente picadas.

PUDIM DE CUSCUZ COM CEREJAS E HORTELÃ

4 x 150 ml   3

→ 200 G DE CEREJAS FRESCAS
→ 100 G DE AÇÚCAR
→ SUCO DE 1 LIMÃO-SICILIANO
→ 160 G DE CUSCUZ MARROQUINO PRÉ-COZIDO
→ AZEITE DE OLIVA EXTRA VIRGEM
→ AÇÚCAR DE CONFEITEIRO
→ FOLHINHAS DE HORTELÃ FRESCAS PARA DECORAR

Corte as cerejas ao meio e descarte os cabinhos e os caroços. Em uma panelinha, coloque as cerejas, o açúcar, o suco de limão e 350 ml de água, e deixe cozinhar por cerca de 10 minutos. Divida o cuscuz entre os potinhos. Tempere com um fio de azeite e uma pitada de açúcar de confeiteiro. Junte as cerejas e mais o líquido que se formou durante cozimento, misture e feche os potes. Acomode no lava-louça e cozinhe no programa Normal. Conserve na geladeira ou sirva o pudim morno ou gelado, decorado com algumas folhinhas de hortelã fresca.

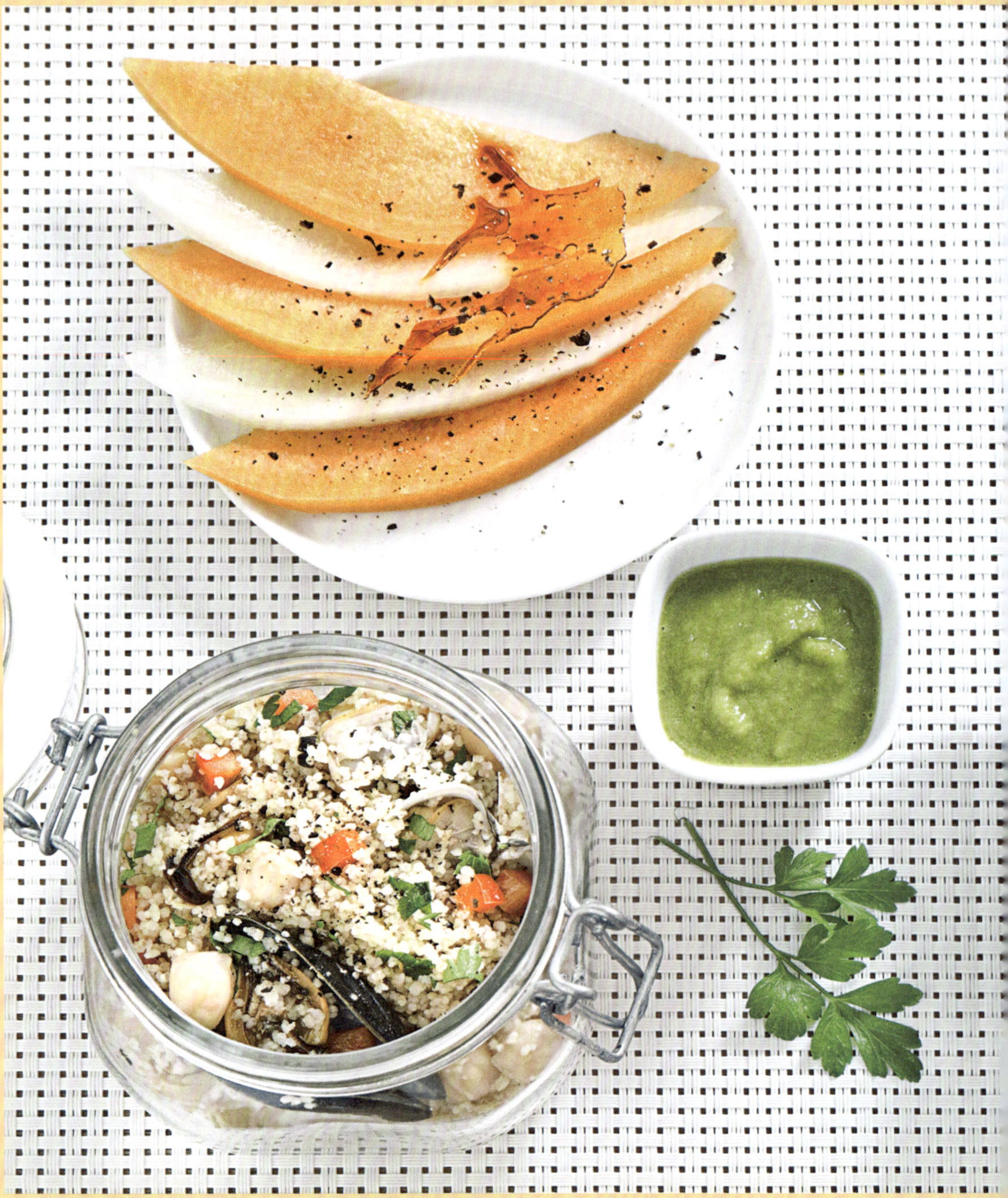

CARDÁPIO DE VERÃO

No calor do verão, é um verdadeiro prazer degustar um jantar refinado, leve e saudável, seja ao ar livre, na varanda ou na cozinha. A boa notícia é que não é preciso ficar derretendo de calor à beira do fogão para preparar um cardápio à base de crustáceos e moluscos, além de uma sobremesa original de melão com uma consistência incrível!

Lagostim com creme de pimentão verde

de azeite, junte o alho inteiro descascado, os tomates e o açúcar. Tempere com sal e pimenta-do-reino. Tampe e deixe cozinhar por 5 minutos em fogo baixo. Lave o pimentão, retire o cabinho, a parte interna e as sementes. Corte em pedaços e triture no processador adicionando, aos poucos, cerca de 2 colheres (sopa) de azeite. Tempere com sal e pimenta e distribua entre os potes. Limpe os lagostins e coloque sobre o creme de pimentão; a seguir, acrescente os tomatinhos. Tempere com um fio de azeite, sal e pimenta-do-reino. Feche os potes, acomode no lava-louça e cozinhe no programa Normal. Ao término do ciclo, guarde os potes na geladeira ou sirva imediatamente.

Cuscuz com vôngoles, mexilhões e grão-de-bico

LAGOSTIM COM CREME DE PIMENTÃO VERDE

4 x 250 mℓ | 1

→ 250 G DE TOMATE-CEREJA
→ AZEITE DE OLIVA EXTRA VIRGEM
→ 1 DENTE DE ALHO
→ 1 COLHER (SOPA) DE AÇÚCAR
→ SAL
→ PIMENTA-DO-REINO
→ 1 PIMENTÃO VERDE GRANDE (OU 2 PEQUENOS)
→ 12 LAGOSTINS

Lave e seque os tomates. Em uma frigideira, aqueça 1 colher (sopa)

CUSCUZ COM VÔNGOLES, MEXILHÕES E GRÃO-DE-BICO

4 x 350 ml — JÁ

- 300 G DE VÔNGOLE
- 300 G DE MEXILHÃO
- AZEITE DE OLIVA EXTRA VIRGEM
- 1 DENTE DE ALHO PICADO
- UM PUNHADO DE SALSINHA PICADA
- SAL
- PIMENTA-DO-REINO
- ½ XÍCARA (CHÁ) DE VINHO BRANCO SECO
- UM PEDAÇO DE PIMENTÃO VERMELHO
- 200 G DE CUSCUZ MARROQUINO PRÉ-COZIDO
- 350 G DE GRÃO-DE-BICO COZIDO

Coloque os moluscos em uma tigela com água fria. Em uma frigideira, aqueça 2 colheres (sopa) de azeite, junte o alho e a salsinha; quando começar a fritar, adicione os mexilhões e os vôngoles junto com a água. Deixe cozinhar por alguns minutos, até abrirem; tempere com sal e pimenta. Regue com o vinho e espere o álcool evaporar. Desligue o fogo. Tire os moluscos das conchas. Coe a água do cozimento com uma peneira e reserve o líquido. Corte o pimentão em cubos. Divida entre os potes o cuscuz, o grão-de-bico, o pimentão e, por fim, os moluscos. Finalize com 4 colheres (sopa) do líquido do cozimento e com um fio de azeite e misture. Feche os potes, cozinhe no programa Normal e sirva logo depois do fim do ciclo.

Melão com caramelo e pimenta

MELÃO COM CARAMELO E PIMENTA

3

- ¼ DE MELÃO AMARELO
- ¼ DE MELÃO-CANTALUPO
- PIMENTA-DO-REINO
- 150 G DE AÇÚCAR
- SAL

Descasque os dois pedaços de melão e, com uma colher, retire as sementes e as fibras. Coloque o melão em um saquinho e sele a vácuo. Acomode no lava-louça e cozinhe no programa Normal. Ao término do ciclo, guarde o melão na geladeira. Antes de servir, retire o melão do saquinho e corte em fatias finas (o melão deve estar bem gelado). Arrume as fatias em pratos de servir intercalando as cores e tempere com a pimenta-do-reino. Prepare o caramelo: em uma panelinha, dissolva o açúcar em 2 colheres (sopa) de água e deixe cozinhar até o ponto de caramelo. Adicione uma pitada de sal e despeje imediatamente sobre as fatias de melão.

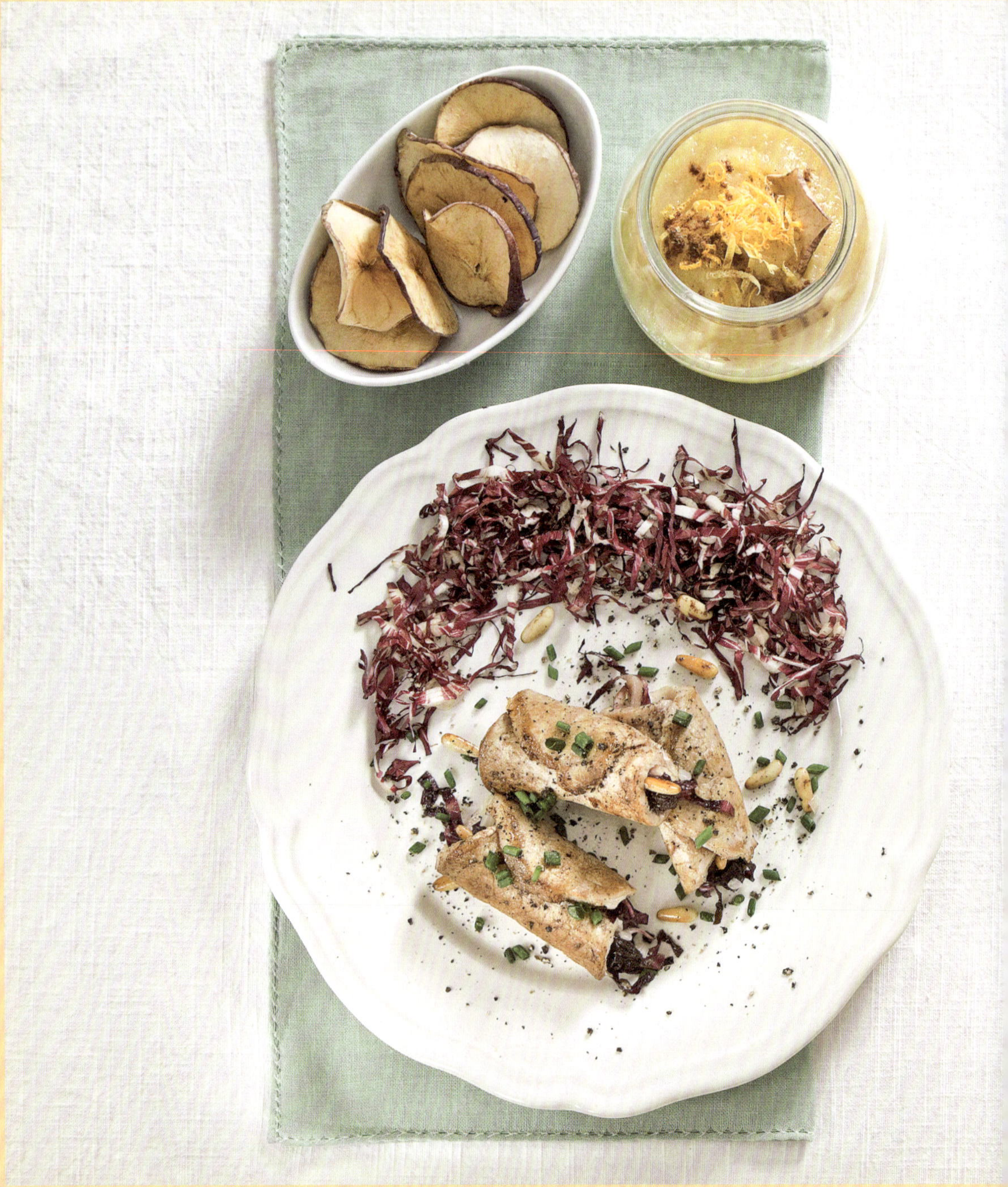

CARDÁPIO DE OUTONO

Um cardápio para encantar toda a família, inclusive as crianças. Os pratos, simples, saudáveis e saborosos, podem ser preparados com antecedência e apreciados com tranquilidade.

SOPA MIREPOIX DE VERDURAS COM OVO DE CODORNA

4 x 300 mℓ | JÁ

- 1 CEBOLA
- 2 CENOURAS
- 1 TALO DE SALSÃO
- 250 G DE TALOS DE ACELGA
- AZEITE DE OLIVA EXTRA VIRGEM
- SAL
- PIMENTA-DO-REINO
- 4 OVOS DE CODORNA
- 4 RAMOS DE TOMILHO PARA DECORAR

Descasque e corte a cebola em fatias finas. Corte a cenoura em cubos. Corte o salsão e a acelga em quadradinhos. Na panela de pressão, aqueça 1 colher (sopa) de azeite e refogue a cebola. Adicione as hortaliças e deixe refogar por alguns minutos. Junte 1 litro de água, tempere com sal e pimenta-do-reino, e tampe a panela. Deixe cozinhar por 15 minutos contados a partir do momento em que a panela começar a chiar. Distribua a sopa em 4 potes. Quebre 1 ovo de codorna em cada pote, feche e acomode no lava-louça. Cozinhe no programa Normal. Ao término do ciclo, abra os potes, regue a sopa com um fio de azeite e salpique pimenta-do-reino. Decore cada pote com um ramo de tomilho e sirva bem quente.

↙ Sopa mirepoix de verduras com ovo de codorna

ENROLADINHOS DE LOMBO COM RADICCHIO, UVAS-PASSAS E PINOLI

3

- 1 MAÇO DE RADICCHIO
- 1 CEBOLINHA
- AZEITE DE OLIVA EXTRA VIRGEM
- UM PUNHADO DE PINOLI
- UM PUNHADO DE UVAS-PASSAS
- 400 G DE LOMBO DE PORCO CORTADO EM FATIAS FINAS
- 2 COLHERES (SOPA) VINAGRE BALSÂMICO
- SAL
- PIMENTA-DO-REINO
- SALSINHA PICADA (OPCIONAL)

NORMAL

Enroladinhos de lombo com radicchio, uvas-passas e pinoli

Corte o radicchio em tiras. Corte a cebolinha em fatias finas. Em uma frigideira, aqueça 1 colher (sopa) de azeite e refogue a cebolinha. Junte os pinoli, as uvas-passas e o radicchio e salteie por alguns minutos. Estenda as fatias de lombo sobre uma superfície de trabalho, coloque 1 colherada da mistura em cada fatia e enrole. Coloque os rolinhos de lombo num saquinho e sele. Acomode no lava-louça e cozinhe no programa Normal. Ao término do ciclo, leve à geladeira até a hora de servir. Antes de levar à mesa, aqueça um pouquinho de azeite em uma panela e, quando estiver bem quente, doure os rolinhos de lombo. Adicione o vinagre balsâmico e desligue. Tempere com sal e pimenta-do-reino, decore com salsinha picada e sirva.

MUSSE DE MAÇÃ COM LIMÃO-SICILIANO

4 x 150 mℓ   3

→ 3 MAÇÃS
→ 1 LIMÃO-SICILIANO
→ 4 COLHERES (CHÁ) DE AÇÚCAR MASCAVO
→ CANELA EM PÓ

Descasque e rale as maçãs. Divida a polpa entre os potes. Lave o limão e, com a ajuda de um descascador, retire raspas da casca e adicione aos potes. A seguir, em cada pote, esprema um pouco de limão, adicione 1 colher (chá) do açúcar mascavo e uma pitada da canela em pó. Feche os potes, acomode no lava-louça e cozinhe no programa Normal. Ao término do ciclo, guarde os potes na geladeira ou leve diretamente à mesa.

Musse de maçã com limão-siciliano

NORMAL

CARDÁPIO DE INVERNO

Um cardápio de inverno rico em vitaminas, que leva sardinha e crustáceos combinados com cítricos: perfeito para um jantar entre amigos ou para um almoço de domingo com a família. Leve e refinado, é satisfação garantida para os paladares mais exigentes.

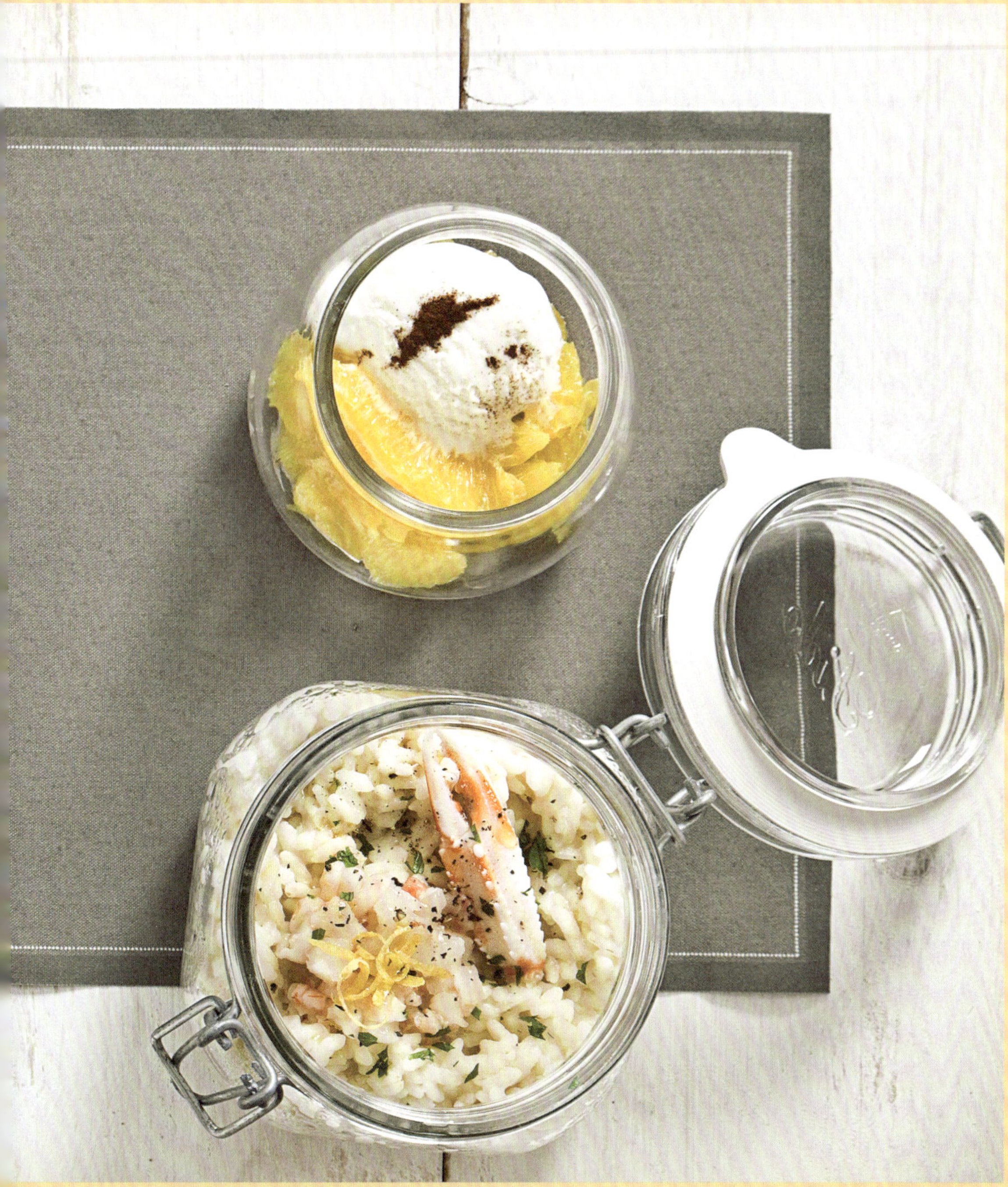

TERRINA DE SARDINHA

4 × 250 ml | 1

→ 12 SARDINHAS LIMPAS
→ 1 DENTE DE ALHO
→ UM PUNHADO DE SALSINHA
→ RASPAS DA CASCA E SUCO DE 1 LIMÃO-SICILIANO
→ AZEITE DE OLIVA EXTRA VIRGEM
→ SAL
→ PIMENTA-DO-REINO
→ FATIAS DE PÃO TOSTADAS PARA ACOMPANHAR

Lave as sardinhas, e, se quiser, corte em filés. Pique o alho e a salsinha e misture com as raspas da casca de limão. Em cada pote, de forma intercalada, coloque duas camadas de filé e duas da mistura de alho, salsinha e limão. Finalize com um fio de azeite, sal e pimenta-do-reino. Regue com o suco do limão. Feche bem os potes, acomode no lava-louça e cozinhe no programa Normal. Sirva com fatias de pão tostadas.

Terrina de sardinha ↘

ARROZ COM LAGOSTINS E RASPAS DE LIMÃO

4 x 350 ml | 1

- AZEITE DE OLIVA EXTRA VIRGEM
- 320 G DE ARROZ CARNAROLI
- 1 CEBOLA PICADA
- SAL
- PIMENTA-DO-REINO
- ½ XÍCARA (CHÁ) DE VINHO BRANCO SECO
- 1 LIMÃO-SICILIANO
- 500 ML DE CALDO DE LEGUMES
- 16 LAGOSTINS

Em uma panela com um pouco de azeite, refogue ligeiramente o arroz e reserve. Na mesma panela, coloque outro fio de azeite e refogue a cebola em fogo baixo. Junte o arroz à cebola, misture e tempere com sal e pimenta-do-reino. Regue com o vinho e espere o álcool evaporar. Com um descascador, retire raspas da casca do limão e reserve. Regue o arroz com um pouco do caldo de legumes e deixe cozinhar; continue acrescentando o caldo aos poucos, até o arroz ficar al dente. Desligue o fogo, esprema o limão e acrescente o suco ao risoto. Limpe os lagostins e triture grosseiramente. Distribua o risoto entre os potes, junte os lagostins triturados e as raspas de limão. Finalize com um fio de azeite e pimenta-do-reino. Feche bem os potes, acomode no lava-louça e cozinhe no programa Normal. Sirva logo após o término do ciclo.

↗ Arroz com lagostins e raspas de limão

LARANJA EM CALDA DE CANELA COM SORVETE DE BAUNILHA

4 x 250 ml | 3

- 4 LARANJAS
- 1 COLHER (SOPA) DE CANELA EM PÓ
- 4 COLHERES (CHÁ) DE AÇÚCAR
- 4 BOLAS DE SORVETE DE BAUNILHA

Retire a casca das laranjas (inclusive a parte branca) e os caroços. Corte em pedaços pequenos. Divida os pedaços entre os potes e adicione uma pitada de canela e 1 colher (chá) de açúcar em cada um. Feche bem, acomode no lava-louça e cozinhe no programa Normal. Sirva a sobremesa morna, ou fria com 1 bola de sorvete, decorada com canela em pó e raspas de casca de laranja (opcional).

↑ Laranja em calda de canela com sorvete de baunilha

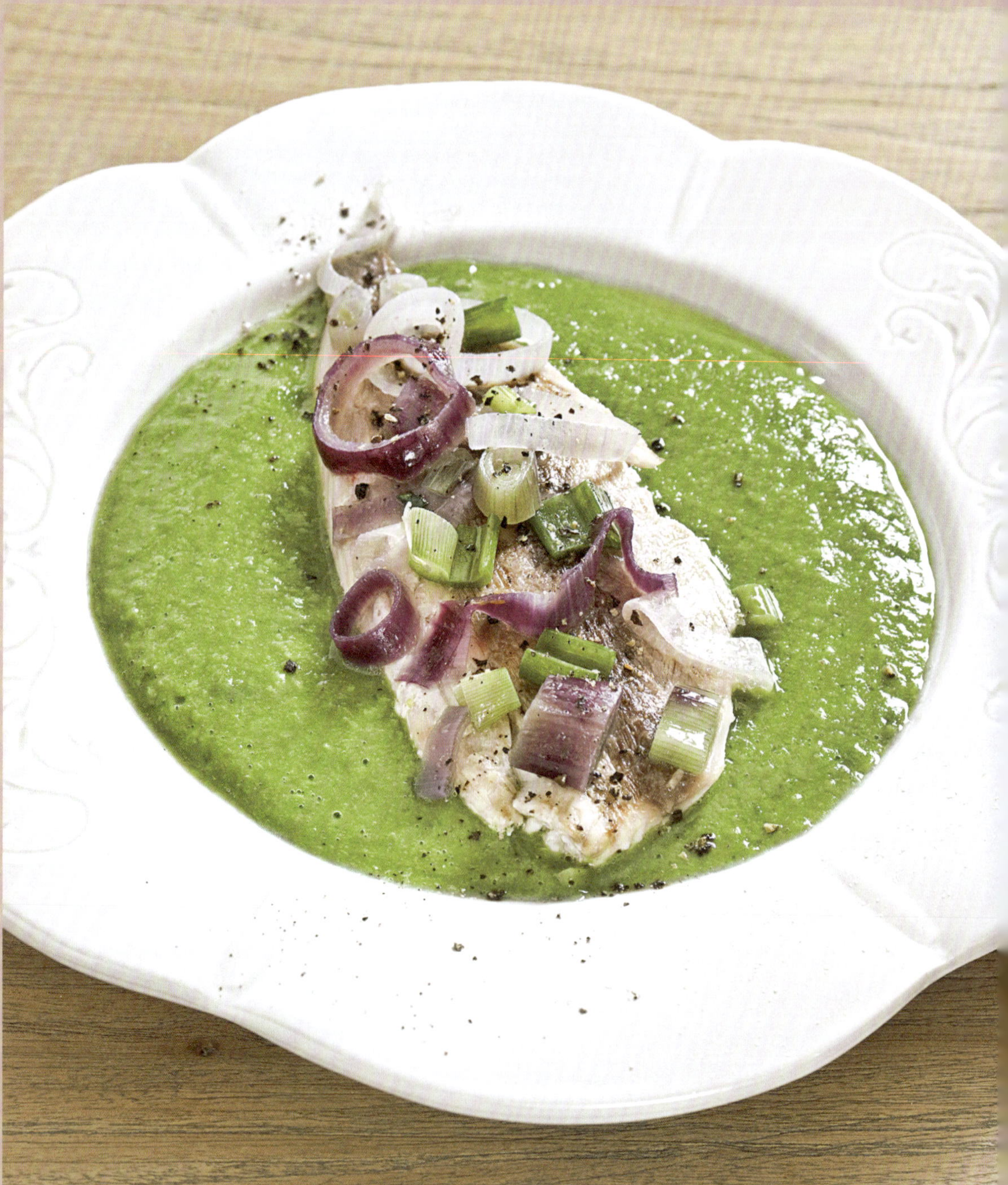

PROGRAMA
INTENSIVO

No programa Intensivo,
utilizado para limpezas mais pesadas,
é possível preparar uma grande
variedade de receitas, sobretudo
à base de carnes como cordeiro,
porco, frango e peru.

COELHO ASSADO COM UVAS

- 2 COLHERES (SOPA) DE MEL
- AZEITE DE OLIVA EXTRA VIRGEM
- SAL
- PIMENTA-DO-REINO
- 500 G DE COELHO DESOSSADO E LIMPO
- 1 RAMO DE ALECRIM
- 1 CACHO DE UVA
- ½ XÍCARA (CHÁ) DE VINHO BRANCO SECO

Em uma tigela, coloque o mel, 3 colheres (sopa) de azeite, sal e pimenta-do-reino e bata até emulsionar. Pincele a carne com esse molho e, a seguir, enrole e amarre com pedaços de barbante. Coloque a carne em um saquinho junto com algumas folhas de alecrim. Sele os saquinhos, acomode no lava-louça e cozinhe no programa Intensivo. Lave e seque as uvas. Ao término do ciclo, guarde o preparo na geladeira. Antes de servir, aqueça um pouco de azeite em uma frigideira e doure a carne por igual. Mantenha o assado aquecido (pode ser no lava--louça, se ainda estiver quente). Na mesma frigideira, despeje o líquido do cozimento coado e as uvas cortadas ao meio e deixe reduzir um pouco. Junte o vinho e deixe cozinhar até o álcool evaporar e o molho engrossar um pouco. Retire o barbante e corte a carne em fatias finas. Sirva com o molho de mel e uvas.

VITELA COM SARDINHA E ANCHOVA

- 500 G DE COXÃO-MOLE DE VITELA
- 1 LITRO DE CALDO DE LEGUMES
- 1 FOLHA DE LOURO
- 1 CRAVO-DA-ÍNDIA
- 2 OVOS
- 100 G DE FILÉS DE SARDINHA EM CONSERVA DE ÓLEO
- 4 FILÉS DE ANCHOVA EM CONSERVA
- UM PUNHADO DE ALCAPARRAS
- AZEITE DE OLIVA EXTRA VIRGEM
- PIMENTA-DO-REINO
- SAL

Lave, seque e limpe bem a carne. Aqueça o caldo. Coloque a carne em um recipiente de 1,5 litro (que possa ser fechado hermeticamente) e despeje por cima o caldo fervente. Junte o louro e o cravo. Feche o recipiente, acomode no lava--louça e cozinhe no programa Intensivo. Ao término do ciclo, leve à geladeira e deixe a carne esfriar dentro do caldo. Prepare o molho: em uma panelinha, ferva os ovos por 8 minutos até ficarem duros. Numa tigela, desmanche os filés de sardinha e junte os ovos cozidos, a anchova e as alcaparras. Bata a mistura com um processador, acrescentando aos poucos azeite e o caldo do cozimento suficiente até obter um molho cremoso. Corte a carne em fatias finas e divida entre os pratos. Regue com o molho na hora de levar à mesa e tempere com sal e pimenta-do-reino.

TERRINA DE CAMARÃO

- 300 G DE CAMARÃO PEQUENO
- 1 CEBOLA PEQUENA
- AZEITE DE OLIVA EXTRA VIRGEM
- SAL
- PIMENTA-DO-REINO
- ½ XÍCARA (CHÁ) DE VINHO BRANCO SECO
- CEBOLINHA
- TOMILHO

Este prato deve ser feito com 1 dia de antecedência. Limpe, lave e seque o camarão (não se esqueça de também tirar a tripa do dorso). Corte a cebola em fatias finas e refogue em fogo baixo em uma frigideira com um pouco de azeite. Junte o camarão, aumente o fogo e salteie por 1 minuto. Tempere com sal e pimenta-do-reino. Regue com o vinho branco; assim que o álcool evaporar, desligue o fogo. Quando a mistura esfriar um pouco, junte alguns ramos de cebolinha e folhas de tomilho. Triture no processador até obter um patê. Distribua a mistura entre os potinhos. Complete com um fio de azeite, feche os potes, acomode no lava-louça e cozinhe no programa Intensivo. Ao término do ciclo, guarde na geladeira e consuma apenas no dia seguinte, de preferência frio. Sirva com crostinis quentinhos e manteiga.

Terrina de camarão ↙

LOMBO COZIDO NO LEITE COM MOLHO DE VINHO

- → 700 G DE LOMBO DE BOI
- → 1 RAMO DE ALECRIM
- → 1 BAGA DE ZIMBRO
- → 1 CRAVO-DA-ÍNDIA
- → 1 DENTE DE ALHO
- → 500 ML DE LEITE
- → SAL
- → PIMENTA-DO-REINO
- → 1 COLHER (SOPA) DE AMIDO DE MILHO
- → ½ XÍCARA (CHÁ) DE VINHO BRANCO SECO
- → AZEITE DE OLIVA EXTRA VIRGEM

Esta é uma receita tradicional da minha família. Nós sempre a preparamos no inverno, mas às vezes também no verão. Amarre o lombo junto com o alecrim com pedaços de barbante. Coloque em um recipiente de pelo menos 1,5 litro que possa ser fechado hermeticamente. Se preferir, use um saquinho selado a vácuo. Junte o zimbro, o cravo e o dente de alho esmagado. A seguir, despeje o leite e tempere com sal e pimenta-do-reino. Feche o recipiente e acomode no lava-louça. Cozinhe no programa Intensivo. Ao término do ciclo, conserve na geladeira até a hora de servir (3 dias no máximo). Antes de levar à mesa, abra o recipiente. Coe o líquido do cozimento em uma panela e misture o amido de milho e o vinho. Cozinhe até reduzir o líquido à metade. Enquanto isso, aqueça uma chapa untada com azeite e doure o lombo por igual. Retire o barbante e fatie a carne, que deve ser servida com o molho. Este prato vai bem com diversos acompanhamentos, como vagem, espinafre, erva-doce e couve-flor salteados.

CARDÁPIO PARA O CAFÉ DA MANHÃ

Este café da manhã pode ser preparado na noite anterior, antes de você se deitar. É só acomodar os potinhos no lava-louça e programar para adiar o início, assim o ciclo terminará pela manhã (programe o aparelho para ligar cerca de duas horas e meia antes de todos levantarem). De manhã, basta completar a compota de frutas com iogurte e cereais, oferecer torradas e um saboroso café feito na hora. Depois é só abrir o jornal e degustar esse café da manhã incrível.

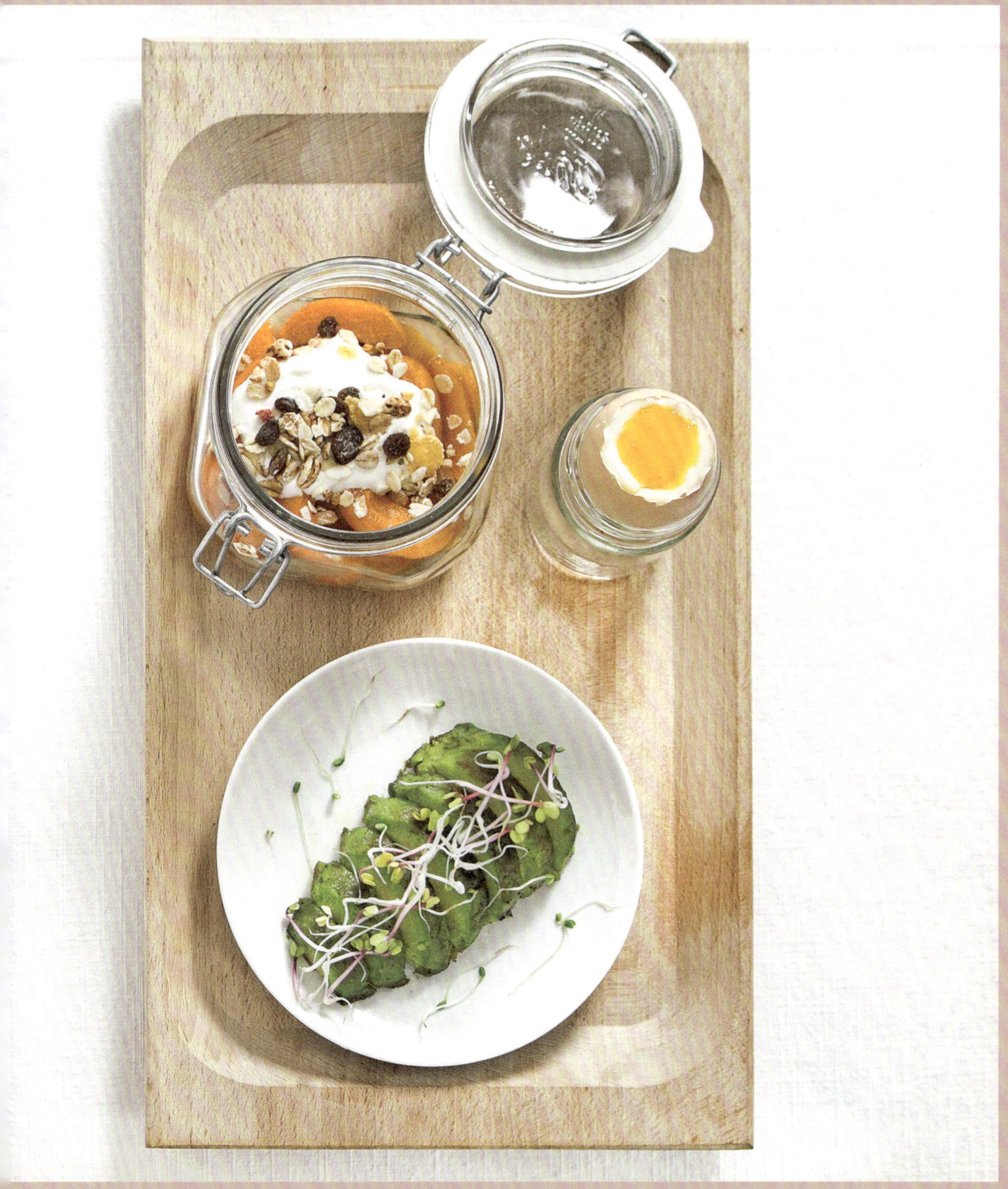

OVOS À LA COQUE A BAIXA TEMPERATURA

4 x 150 ml | JÁ

→ 4 OVOS
→ 4 FATIAS DE PÃO
→ SAL
→ PIMENTA-DO-REINO

Pode ser difícil acertar o cozimento do ovo à la coque, porque esse é provavelmente o ingrediente mais afetado pelas diferenças entre os vários modelos de lava-louça. Se você tem um modelo mais antigo, experimente o programa Econômico; se o seu lava-louça é mais moderno e de baixo consumo de energia, o Intensivo. Antes de preparar o cardápio inteiro, sugiro testar o cozimento dos ovos no lava-louça até acertar a escolha do programa. Comece o preparo da receita lavando e secando os ovos. Coloque todos no mesmo pote, ou um em cada recipiente, dependendo do tamanho. Cubra com água e feche bem. Acomode no lava-louça e cozinhe no programa mais apropriado. Ao término do ciclo, retire os recipientes. Toste as fatias de pão e corte-as em tiras. Leve os ovos inteiros, em porta-ovos, à mesa. Deixe que cada convidado quebre o próprio ovo e o tempere a gosto com sal e pimenta-do-reino. Sirva com as tiras de pão tostado.

Ovos à la coque a baixa temperatura ↑

FOIE GRAS DE ABACATE COM PÃO TOSTADO

3

→ 1 ABACATE NÃO MUITO MADURO
→ 1 COLHER (SOPA) DE MARGARINA BIOLÓGICA NÃO HIDROGENADA
→ VINAGRE BALSÂMICO
→ SAL
→ PIMENTA-DO-REINO
→ FATIAS DE PÃO PARA ACOMPANHAR
→ UM PUNHADO DE BROTOS VARIADOS

O foie gras de abacate pode ser preparado em outros programas além do indicado na receita, com

Foie gras de abacate com pão tostado ↓

Compota de frutas com iogurte e cereais ↙

resultado semelhante. Corte o abacate ao meio, retire o caroço e descasque as duas metades, sem danificar a polpa. Coloque o abacate em um saquinho e sele a vácuo (se preferir, use um pote hermético). Acomode no lava-louça e cozinhe no programa Intensivo. Ao término do ciclo, retire o abacate do recipiente e doure o lado côncavo em uma chapa bem quente. Adicione a margarina e deixe escurecer ligeiramente. Corte o abacate em fatias finas. Regue com vinagre balsâmico e tempere com sal e pimenta-do-reino. Decore com os brotos. Sirva com fatias de pão aquecidas.

COMPOTA DE FRUTAS COM IOGURTE E CEREAIS

4 x 250 ml — 3

→ 400 G DE FRUTAS DA ESTAÇÃO
→ 4 COLHERES (CHÁ) DE MEL
→ 4 COLHERES (CHÁ) DE AÇÚCAR MASCAVO
→ SUCO DE 1 LIMÃO-SICILIANO
→ 500 ML DE IOGURTE NATURAL
→ 4 COLHERES (SOPA) DE GRANOLA

Use frutas da estação nesta receita, que pode ser feita em outros programas além do Intensivo. Experimente, por exemplo, com abacaxi e morangos na primavera, banana no outono, pêssegos no verão e maçã no inverno. Lave e seque bem as frutas, retirando caroços e sementes. Corte em cubos regulares e distribua em 4 potes. Em cada recipiente adicione também 1 colher (chá) de mel e outra de açúcar mascavo. Complete com o suco de limão e feche bem. Cozinhe no programa Intensivo. Quando terminar o ciclo, espere esfriar e coloque o iogurte e a granola.

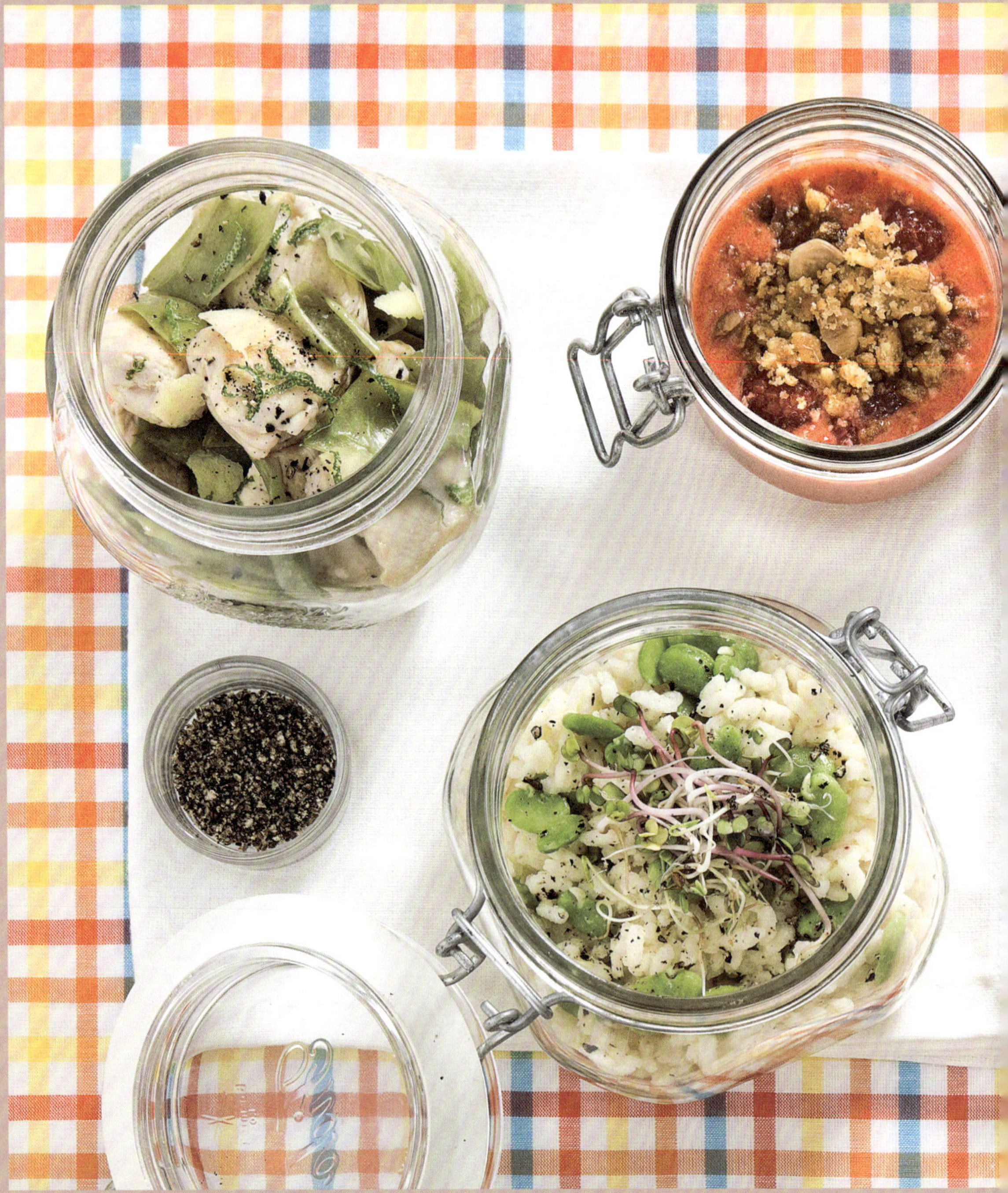

CARDÁPIO DE PRIMAVERA

Prepare este cardápio com antecedência e saboreie ao ar livre.
Todas as porções são preparadas diretamente nos potes,
portanto dispensam pratos. Para um piquenique perfeito,
basta colocar numa cesta os potes, alguns copos e talheres,
uma garrafa de vinho e, é claro, uma toalha.
Os pratos sugeridos, além de leves e refrescantes,
são próprios para serem degustados até mesmo frios.

↙ Arroz com favas

BOCADINHOS DE FRANGO, LIMÃO E GENGIBRE COM VAGENS SALTEADAS

4 x 300 ml   3

- → 400 G DE PEITO DE FRANGO
- → RASPAS DA CASCA E SUCO DE 2 LIMÕES
- → UM PEDAÇO DE GENGIBRE FRESCO
- → AZEITE DE OLIVA EXTRA VIRGEM
- → SAL
- → CEBOLINHA
- → VAGENS DE 1 KG DE FAVAS FRESCAS
- → 1 DENTE DE ALHO
- → PIMENTA-DO-REINO

ARROZ COM FAVAS

4 x 350 ml   1

- → 360 G DE ARROZ
- → 1 KG DE FAVAS FRESCAS NAS VAGENS
- → AZEITE DE OLIVA EXTRA VIRGEM
- → SAL
- → PIMENTA-DO-REINO

Cozinhe o arroz no vapor ou na água. Retire as favas das vagens e reserve as vagens para a receita "Bocadinhos de frango, limão e gengibre com vagens salteadas" (ao lado). Mergulhe as vagens em água fria e procure utilizá-las o quanto antes, pois oxidam muito rapidamente. Coloque o arroz cozido al dente em uma vasilha, junte as favas, o azeite e tempere com sal e pimenta-do-reino. Misture e distribua entre os potes. Feche bem, acomode no lava-louça e cozinhe no programa Intensivo. Ao terminar, derrame um fio de azeite, decore a gosto e leve os potes à mesa.

Corte o peito de frango em cubos não muito pequenos e coloque numa vasilha. Espalhe por cima as raspas de limão, o suco e o gengibre ralado. Tempere com 2 colheres (sopa) de azeite, sal e um pouco de

INTENSIVO

cebolinha picada e misture bem. Elimine o cabinho e corte as vagens em pedaços grandes. Leve ao fogo uma frigideira com um pouco de azeite e o dente de alho descascado e amassado. Junte as vagens, o sal e a pimenta-do-reino e salteie por cerca de 5 minutos. Distribua entre os potes. Divida os cubos de frango entre os potes e misture com as vagens. Feche bem e acomode no lava-louça. Cozinhe no programa Intensivo. Quando terminar o ciclo, conserve na geladeira até a hora de servir (esse prato também pode ser degustado frio). Entregue um pote fechado para cada convidado e peça para que agitem antes de abrir, para emulsionar o molho.

Bocadinhos de frango, limão e gengibre com vagens salteadas ↓

CRUMBLE COM CREME DE MORANGO E FRAMBOESA

4 x 250 ml   3

→ 300 G DE MORANGO
→ 100 G DE FRAMBOESA
→ 4 COLHERES (SOPA) DE AÇÚCAR DE CONFEITEIRO
→ SUCO DE ½ LIMÃO-SICILIANO
→ 100 G DE BISCOITOS SECOS
→ UM PUNHADO DE AMÊNDOAS
→ 3 COLHERES (SOPA) DE AÇÚCAR MASCAVO
→ 50 G DE MANTEIGA

Crumble com creme de morango e framboesa ↓

Retire o cabinho dos morangos e bata no liquidificador junto com o açúcar de confeiteiro e o suco de limão. Distribua entre os potes e, a seguir, coloque as framboesas inteiras. Feche, acomode no lava-louça e cozinhe no programa Intensivo. Enquanto isso, prepare o crumble: pique grosseiramente os biscoitos e corte as amêndoas em lascas finas. Em uma vasilha, misture os biscoitos com o açúcar mascavo, as amêndoas e a manteiga em temperatura ambiente. Deixe descansar ao menos por 30 minutos na geladeira. Espalhe a mistura sobre uma forma e asse por 15 minutos. Retire do forno e espere esfriar. Ao término do ciclo, mantenha os potes na geladeira. Na hora de servir, abra os potes e coloque um pouco de crumble em cada um.

CARDÁPIO DE VERÃO

No verão, nada melhor do que um ótimo cardápio frio, perfeito para um jantar em uma noite quente. Você poderá degustar os pratos, um após o outro, apenas relaxando, e longe do calor do fogão.

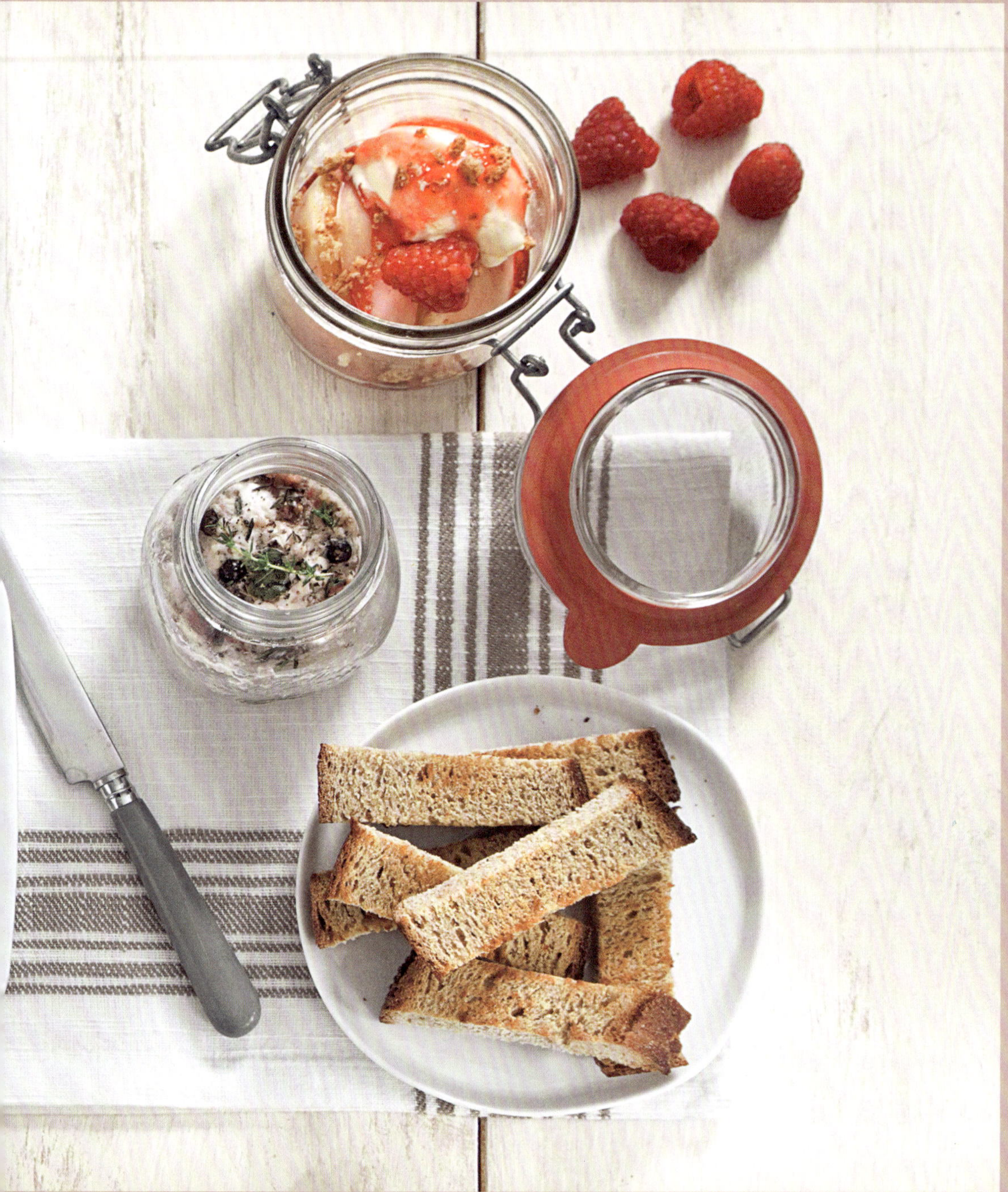

TERRINA DE COELHO

4 x 150 ml | 3

- → 300 G DE COELHO DESOSSADO
- → 1 DENTE DE ALHO
- → BAGAS DE ZIMBRO
- → LOURO
- → PIMENTA-DO-REINO
- → CONHAQUE
- → 1 CEBOLA PEQUENA PICADA
- → 200 G DE CARNE MOÍDA MISTA (DE BOI E DE PORCO)
- → SAL
- → 4 RAMOS DE TOMILHO FRESCO
- → AZEITE DE OLIVA EXTRA VIRGEM
- → CROSTINIS PARA ACOMPANHAR

Em uma tigela, coloque o coelho, o dente de alho amassado, o zimbro, o louro, a pimenta-do-reino e o conhaque. Deixe marinar a noite toda. Retire o coelho da marinada e pique bem a carne com uma faca ou com o moedor de carne. Junte a cebola e a carne moída e tempere com sal e pimenta-do-reino. Misture tudo e distribua entre os potes. Despeje um pouquinho de conhaque, coloque um ramo de tomilho, regue com azeite e feche os potes. Acomode no lava-louça e cozinhe no programa Intensivo. Quando terminar, conserve na geladeira por pelo menos 2 horas antes de levar à mesa. Sirva com crostinis e mostarda ou compotas a gosto.

Terrina de coelho ↘

ROCAMBOLE DE PERU COM PRESUNTO E ESPINAFRE

3

- → AZEITE DE OLIVA EXTRA VIRGEM
- → 1 DENTE DE ALHO
- → 100 G DE ESPINAFRE
- → SAL
- → PIMENTA-DO-REINO
- → 400 G DE BIFES DE PEITO DE PERU
- → 100 G DE PRESUNTO CORTADO EM FATIAS FINAS
- → VINHO BRANCO SECO

Em uma frigideira, aqueça o azeite com o alho. Junte o espinafre fresco, tempere com sal e pimenta-do-reino e salteie. Estique um pedaço de filme de PVC sobre uma tábua de cortar. Coloque o peito de peru sobre o filme e

Roçambole de peru com presunto e espinafre

Pêssegos melba

amasse os bifes, estendendo até obter um retângulo. Tempere com sal e pimenta-do-reino. Sobre o peru, coloque o presunto e depois o espinafre. Enrole o peru, dispense o filme de PVC e amarre cada rocambole com barbante. Insira em um saquinho e sele a vácuo. Coloque o saquinho no lava-louça e cozinhe no programa Intensivo. Ao término do ciclo, conserve os rocamboles na geladeira até a hora de levar à mesa. Antes de servir, aqueça uma chapa untada com azeite. Retire os rocamboles do saquinho e doure de todos os lados. Despeje o vinho branco e desligue o fogo. Retire o barbante, fatie e sirva.

PÊSSEGOS MELBA

4 x 250 ml   3

- → 100 G DE FRAMBOESA
- → 250 G DE AÇÚCAR
- → SUCO DE 1 LIMÃO-SICILIANO
- → 4 PÊSSEGOS
- → 4 BOLAS DE SORVETE DE CREME
- → ALGUNS BISCOITOS AMARETTO

No liquidificador ou no processador, bata as framboesas com 50 g de açúcar e algumas gotas do suco de limão. Prepare uma calda com o resto do açúcar e 500 ml de água filtrada. Corte os pêssegos ao meio e descarte o caroço. Quando a calda ferver, adicione os pêssegos e deixe cozinhar por 5 minutos. Coe e distribua entre os potes. Junte a mistura de framboesas e feche os recipientes. Acomode no lava-louça e cozinhe no programa Intensivo. Ao término do ciclo, mantenha sob refrigeração. Antes de levar à mesa, coloque 1 bola de sorvete de creme e um pouco de farelo de biscoitos amaretto em cada pote.

INTENSIVO   107

CARDÁPIO DE OUTONO

Este cardápio é perfeito para um jantar romântico a dois ou para celebrar uma ocasião especial. A lagosta é um pequeno investimento, mas em compensação você vai utilizar todas as partes da alcachofra, inclusive aquelas que são normalmente descartadas: o coração na entrada e as folhas externas e o talo no prato principal. Os pratos podem ser preparados com antecedência, assim você terá tempo de sobra para desfrutar da companhia e do jantar.

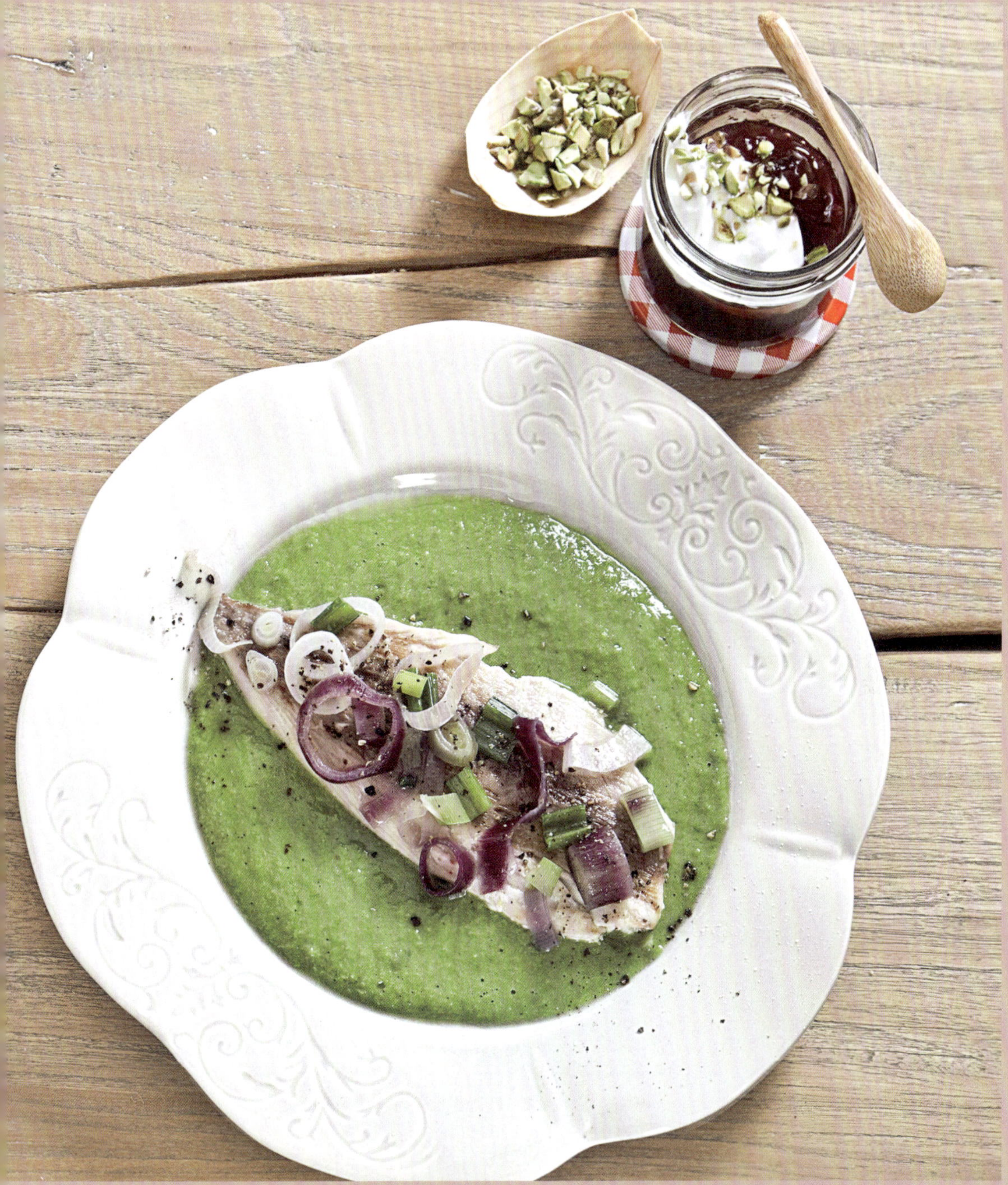

Lagosta sobre leito de coração de alcachofra

LAGOSTA SOBRE LEITO DE CORAÇÃO DE ALCACHOFRA

4 x 250 mℓ — 1

- → 4 ALCACHOFRAS
- → RASPAS DA CASCA E SUCO DE 1 LIMÃO-SICILIANO
- → 1 XÍCARA (CHÁ) DE VINHO BRANCO SECO
- → 1 LAGOSTA COM CERCA DE 1 KG
- → SAL
- → PIMENTA-DO-REINO
- → AZEITE DE OLIVA EXTRA VIRGEM

Retire todas as folhas externas da alcachofra e corte o talo na base. Reserve as folhas e os talos para a receita "Filé de dourado com creme de alcachofra" (ao lado). Corte os corações em lâminas, regue com metade do suco de limão e distribua entre os potes. Em uma panela, ferva água suficiente com o vinho. Mergulhe a lagosta, deixe por 3 minutos e depois escorra o caldo do cozimento. Com uma tesoura apropriada, corte a casca dos dois lados e retire a carne. Retire a tripa e dispense. Se a lagosta tiver pinças, remova a carne com a ajuda de um martelo. Amasse a cabeça, recolha o conteúdo em uma tigela e junte o resto do suco de limão, sal e pimenta-do-reino. Despeje azeite aos poucos e bata sem parar até emulsionar o molho. Corte a carne da lagosta e coloque sobre os corações de alcachofra. Despeje o molho de lagosta e as raspas de limão, feche os potes, acomode no lava-louça e cozinhe no programa Intensivo. Ao término do ciclo, deixe esfriar um pouco antes de levar à mesa, assim o sabor ficará mais acentuado.

FILÉ DE DOURADO COM CREME DE ALCACHOFRA

- → FOLHAS EXTERNAS E TALOS DE 4 ALCACHOFRAS
- → 1 CEBOLINHA PICADA
- → AZEITE DE OLIVA EXTRA VIRGEM
- → SAL
- → PIMENTA-DO-REINO
- → 2 FILÉS DE DOURADO COM A PELE (CERCA DE 250 G CADA UM)
- → VINHO BRANCO SECO
- → RAMOS DE TOMILHO

Lave as folhas externas de alcachofra e, com um descascador, raspe os talos. Cozinhe os dois na panela de pressão com pouca água por 15 minutos, contados a partir do momento em que a panela começar a chiar. Espere a panela expelir todo o vapor, retire as folhas e os talos da alcachofra e pique grosseiramente. Em uma frigideira, refogue a cebolinha picada com

INTENSIVO

um pouco de azeite. Junte as folhas e os talos de alcachofra picados. Tempere com sal e pimenta-do-reino e salteie por alguns minutos. Triture tudo no processador ou no passa-legumes. Lave e seque os filés de dourado (retire todas as espinhas com uma pinça). Coloque os filés em um saquinho, acrescente um pouco de vinho branco, azeite, alguns ramos de tomilho, sal e pimenta-do-reino. Sele o saquinho a vácuo, acomode no lava-louça e cozinhe no programa Intensivo. Antes de levar à mesa, retire os filés do saquinho e doure-os por alguns segundos em uma chapa bem quente untada com azeite. Aqueça o creme de alcachofra e distribua entre os pratos. Coloque um filé de dourado em cada prato e decore a gosto. Acerte o sal e sirva.

Filé de dourado ↗
com creme de alcachofra

↙ Compota de ameixa com iogurte grego e pistache

COMPOTA DE AMEIXA COM IOGURTE GREGO E PISTACHE

4 x 250 mℓ   3

→ 350 G DE AMEIXAS FRESCAS
→ 2 COLHERES (SOPA) DE AÇÚCAR MASCAVO
→ CASCA DE 1 LIMÃO-SICILIANO
→ UM PUNHADO DE PISTACHES SEM CASCA
→ 1 COPO DE IOGURTE GREGO

Lave e seque as ameixas e descarte o cabinho e os caroços. Bata no liquidificador as ameixas com o açúcar e um pedaço de casca de limão até obter um creme liso. Distribua o creme obtido entre os potinhos. Feche bem, acomode no lava-louça e cozinhe no programa Intensivo. Enquanto isso, pique grosseiramente os pistaches e reserve. Ao término do ciclo, retire os potes e conserve-os na geladeira até a hora de servir. Antes de levar à mesa, abra os recipientes e adicione uma colherada de iogurte em cada um. Espalhe o pistache por cima e sirva.

CARDÁPIO DE INVERNO

Um cardápio tradicional, feito com ingredientes simples, mas inovador na técnica de cozimento. Você pode preparar os pratos com antecedência e até levá-los para um jantar na casa dos amigos. Eles vão ficar surpresos e, ao mesmo tempo, impressionados.

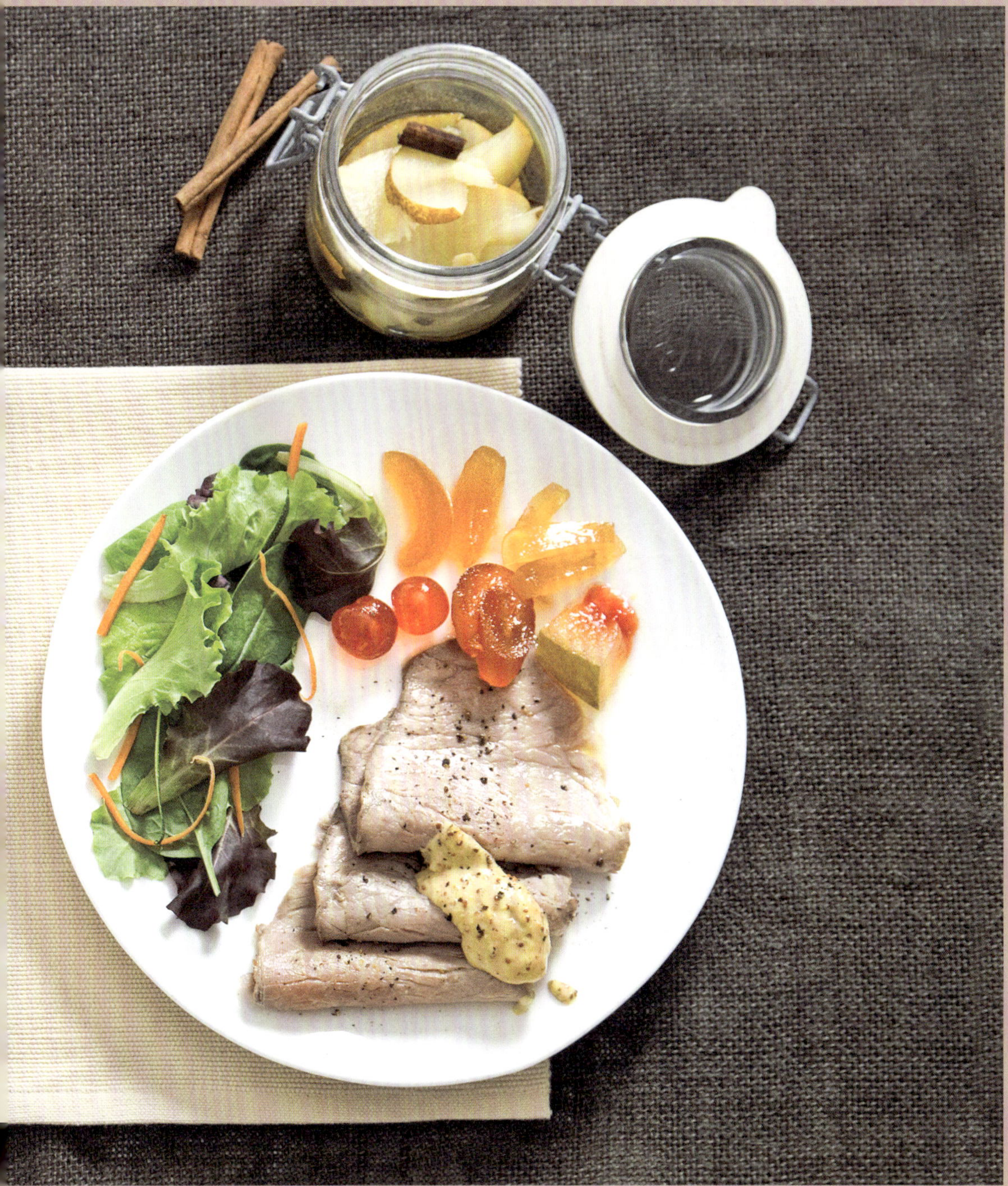

CONSOMÊ COM JULIANA DE LEGUMES

3

- 4 XÍCARAS DE CALDO DE CARNE (VER RECEITA SEGUINTE)
- 1 CENOURA
- 1 TALO DE SALSÃO
- 1 ABOBRINHA
- 1 CEBOLA
- PIMENTA-DO-REINO EM GRÃO
- SAL

Para esta receita, utilize o caldo obtido na receita ao lado, "Cozido de vitela com mostarda". Lave bem as hortaliças e corte à juliana. Se o caldo estiver frio, aqueça e reparta entre as cumbucas. Distribua as hortaliças e tempere com pimenta-do-reino moída na hora e sal a gosto.

Consomê com juliana de legumes

COZIDO DE VITELA COM MOSTARDA

1,5 ℓ   3

- 1 CENOURA
- 1 TALO DE SALSÃO
- 1 CEBOLA
- PIMENTA-DO-REINO EM GRÃO
- UM PUNHADO DE SALSINHA
- 1 FOLHA DE LOURO
- SAL
- UM PEDAÇO DE ACÉM DE VITELA (CERCA DE 500 G)
- MOLHOS PARA ACOMPANHAR (VERDE, DE RAIZ-FORTE E DE MOSTARDA)

Lave a cenoura e o salsão e descasque a cebola. Em uma panela de pressão, coloque 1 litro de água, os legumes, alguns grãos de pimenta-do-reino, a salsinha, o louro e uma pitada de sal. Tampe e deixe cozinhar por 25 minutos a partir do momento em que ela começar a chiar. Coloque a carne em um recipiente de vidro de 1,5 litro. Quando a panela soltar todo o vapor, abra, coe o caldo e despeje sobre a carne até encher o recipiente. Feche, acomode no lava-louça e cozinhe no programa Intensivo. Utilize o caldo para preparar o "Consomê com juliana de legumes" (ao lado). Fatie a carne e disponha nos pratos junto com uma salada de folhas variadas e frutas em calda. Ofereça os molhos à parte.

Cozido de vitela com mostarda ↗

↑ Peras ao vinho branco e gengibre

PERAS AO VINHO BRANCO E GENGIBRE

4 x 250 mℓ   3

- → 2 XÍCARAS (CHÁ) DE VINHO BRANCO DOCE
- → 4 COLHERES (SOPA) DE AÇÚCAR
- → 2 PERAS
- → GENGIBRE FRESCO
- → 1 CANELA EM PAU

Em uma panela, coloque o vinho, 1 xícara (chá) de água filtrada, o açúcar, um pouco de gengibre ralado e a canela em pau. Depois que levantar fervura, deixe cozinhar por 5 minutos. Enquanto isso, lave as peras e, sem retirar a casca, corte-as em fatias médias. Junte à calda de vinho e deixe cozinhar por mais 5 minutos. Distribua as fatias de pera e a calda entre os potes e coloque um pouco de gengibre ralado. Feche os potes, acomode no lava-louça e cozinhe no programa Intensivo. Ao término do ciclo, deixe os potinhos no lava-louça, para manter a sobremesa aquecida. Se preferir oferecê-la fria, guarde os potes na geladeira.

ÍNDICE DAS RECEITAS

TODAS AS RECEITAS

Alcatra com cogumelos	55
Arroz com favas	102
Arroz com lagostins e raspas de limão	91
Atum com molho agridoce	46
Atum com pesto de azeitona	62
Assado de frango com mel e mostarda	74
Bocadinhos de frango, limão e gengibre com vagens salteadas	102
Camarão com creme de talos de aspargo	78
Carpaccio de erva-doce, laranja e cebola	70
Cavalinha com crosta de sementes	43
Cavalinha com pontas de aspargo e avelãs	78
Cerejas com chantili e pistache	59
Coelho assado com uvas	94
Compota de ameixa com iogurte grego e pistache	111
Compota de frutas com iogurte e cereais	99
Compota de morango com farelo de suspiro	51
Consomê com juliana de legumes	114
Cozido de vitela com mostarda	114
Crumble com creme de morango e framboesa	103
Cubos de atum com batata e molho de iogurte	47
Cuscuz com abobrinha, ervilhas e hortelã	58
Cuscuz com vôngoles, mexilhões e grão-de-bico	83
Enroladinhos com mostarda	54
Enroladinhos de lombo com radicchio, uvas-passas e pinoli	86
Filé de dourado com creme de alcachofra	110
Foie gras de abacate com pão tostado	98
Frutos do mar com açafrão	75
Lagosta sobre leito de coração de alcachofra	110
Lagostim com creme de pimentão verde	82
Laranja em calda de canela com sorvete de baunilha	91
Linguado com vagem e gergelim	47
Linguado sobre leito de alho-poró com purê de vagem	58
Lombo cozido no leite com molho de vinho	95
Lula com páprica, alho e gengibre	45
Melancia com hortelã	63
Melão com caramelo e pimenta	83
Mexilhões apimentados	50
Mix de crustáceos	54
Musse de maçã com limão-siciliano	87
Ovos à la coque a baixa temperatura	98
Pargo com endívia e azeitonas	50
Pargo com folhas de nabo	45
Peito de pato com alho-poró	74
Peixe-agulha com feijão branco ao pomodoro	66
Peras ao vinho branco e gengibre	115
Pêssegos melba	107
Pudim de cuscuz com cerejas e hortelã	79
Robalo com sementes de papoula e creme de pimentão amarelo	45
Rocambole de peru com presunto e espinafre	106
Rosbife com ervas	54
Salada de camarão e legumes	62
Sopa mirepoix de verduras com ovo de codorna	86
Tagliata de contrafilé com alecrim e abobrinha salteada	70
Tagliata de frutas a baixa temperatura com fios de caramelo	67
Tangerina com ricota e avelãs tostadas	71
Terrina de camarão	94
Terrina de coelho	106
Terrina de sardinha	90
Trilhas sobre caponatina	42
Vieiras com cebolas crocantes e lascas de amêndoas	66
Vieiras crocantes sobre creme de abóbora e gengibre	74
Vitela com sardinha e anchova	94

POR ESTAÇÃO DO ANO

PRIMAVERA

Arroz com favas	102
Bocadinhos de frango, limão e gengibre com vagens salteadas	102
Camarão com creme de talos de aspargo	78
Cavalinha com crosta de sementes	43
Cavalinha com pontas de aspargo e avelãs	78
Cerejas com chantili e pistache	59
Compota de morango com farelo de suspiro	51
Crumble com creme de morango e framboesa	103
Cuscuz com abobrinha, ervilhas e hortelã	58
Linguado com vagem e gergelim	47
Linguado sobre leito de alho-poró com purê de vagem	58
Mexilhões apimentados	50
Pargo com endívia e azeitonas	50
Pargo com folhas de nabo	45
Pudim de cuscuz com cerejas e hortelã	79

VERÃO

Atum com pesto de azeitona	62
Cubos de atum com batata e molho de iogurte	47
Cuscuz com vôngoles, mexilhões e grão-de-bico	83
Lagostim com creme de pimentão verde	82
Melancia com hortelã	63
Melão com caramelo e pimenta	83
Pêssegos melba	107
Robalo com sementes de papoula e creme de pimentão amarelo	45
Rocambole de peru com presunto e espinafre	106
Salada de camarão e legumes	62
Terrina de coelho	106
Trilhas sobre caponatina	42

OUTONO

Alcatra com cogumelos	55
Compota de ameixa com iogurte grego e pistache	111
Enroladinhos de lombo com radicchio, uvas-passas e pinoli	86
Filé de dourado com creme de alcachofra	110
Lagosta sobre leito de coração de alcachofra	110
Musse de maçã com limão-siciliano	87
Peixe-agulha com feijão branco ao pomodoro	66
Sopa mirepoix de verduras com ovo de codorna	86
Tagliata de frutas a baixa temperatura com fios de caramelo	67
Vieiras com cebolas crocantes e lascas de amêndoas	66
Vieiras crocantes sobre creme de abóbora e gengibre	74

INVERNO

Arroz com lagostins e raspas de limão	91
Atum com molho agridoce	46
Carpaccio de erva-doce, laranja e cebola	70
Coelho assado com uvas	94
Consomê com juliana de legumes	114
Cozido de vitela com mostarda	114
Laranja em calda de canela com sorvete de baunilha	91
Peras ao vinho branco e gengibre	115
Tagliata de contrafilé com alecrim e abobrinha salteada	70
Tangerina com ricota e avelãs tostadas	71
Terrina de sardinha	90

O ANO TODO

Assado de frango com mel e mostarda	74
Cavalinha com crosta de sementes	43
Compota de frutas com iogurte e cereais	99
Enroladinhos com mostarda	54
Foie gras de abacate com pão tostado	98
Frutos do mar com açafrão	75
Lombo cozido no leite com molho de vinho	95
Lula com páprica, alho e gengibre	45
Mix de crustáceos	54
Ovos à la coque a baixa temperatura	98
Peito de pato com alho-poró	74
Rosbife com ervas	54
Terrina de camarão	94
Vitela com sardinha e anchova	94

POR INGREDIENTE

CARNES

Alcatra com cogumelos	55
Assado de frango com mel e mostarda	74
Bocadinhos de frango, limão e gengibre com vagens salteadas	102
Coelho assado com uvas	94
Cozido de vitela com mostarda	114
Enroladinhos com mostarda	54
Enroladinhos de lombo com radicchio, uvas-passas e pinoli	86
Lombo cozido no leite com molho de vinho	95
Peito de pato com alho-poró	74
Rocambole de peru com presunto e espinafre	106
Rosbife com ervas	54
Tagliata de contrafilé com alecrim e abobrinha salteada	70
Terrina de coelho	106
Vitela com sardinha e anchova	94

CRUSTÁCEOS

Arroz com lagostins e raspas de limão	91
Camarão com creme de talos de aspargo	78
Lagosta sobre leito de coração de alcachofra	110
Lagostim com creme de pimentão verde	82
Mix de crustáceos	54
Salada de camarão e legumes	62
Terrina de camarão	94

FRUTAS

Cerejas com chantili e pistache	59
Compota de ameixa com iogurte grego e pistache	111
Compota de frutas com iogurte e cereais	99
Compota de morango com farelo de suspiro	51
Crumble com creme de morango e framboesa	103
Foie gras de abacate com pão tostado	98
Laranja em calda de canela com sorvete de baunilha	91
Melancia com hortelã	63
Melão com caramelo e pimenta	83
Musse de maçã com limão-siciliano	87
Peras ao vinho branco e gengibre	115
Pêssegos melba	107
Pudim de cuscuz com cerejas e hortelã	79
Tagliata de frutas a baixa temperatura com fios de caramelo	67
Tangerina com ricota e avelãs tostadas	71

MOLUSCOS

Cuscuz com vôngoles, mexilhões e grão-de-bico	83
Frutos do mar com açafrão	75
Lula com páprica, alho e gengibre	45
Mexilhões apimentados	50
Vieiras com cebolas crocantes e lascas de amêndoas	66
Vieiras crocantes sobre creme de abóbora e gengibre	74

OVOS

Ovos à la coque a baixa temperatura	98
Sopa mirepoix de verduras com ovo de codorna	86

PEIXES

Atum com molho agridoce	46
Atum com pesto de azeitona	62
Cavalinha com crosta de sementes	43
Cavalinha com pontas de aspargo e avelãs	78
Cubos de atum com batata e molho de iogurte	47
Filé de dourado com creme de alcachofra	110
Linguado com vagem e gergelim	47
Linguado sobre leito de alho-poró com purê de vagem	58
Pargo com endívia e azeitonas	50
Pargo com folhas de nabo	45
Peixe-agulha com feijão branco ao pomodoro	66
Robalo com sementes de papoula e creme de pimentão amarelo	45
Terrina de sardinha	90
Trilhas sobre caponatina	42

HORTALIÇAS

Arroz com favas	102
Carpaccio de erva-doce, laranja e cebola	70
Consomê com juliana de legumes	114
Cuscuz com abobrinha, ervilhas e hortelã	58

POR PROGRAMA

RÁPIDO

Atum com molho agridoce	46
Cavalinha com crosta de sementes	43
Compota de morango com farelo de suspiro	51
Cubos de atum com batata e molho de iogurte	47
Linguado com vagem e gergelim	47
Lula com páprica, alho e gengibre	45
Mexilhões apimentados	50
Pargo com endívia e azeitonas	50
Pargo com folhas de nabo	45
Robalo com sementes de papoula e creme de pimentão amarelo	45
Trilhas sobre caponatina	42

ECONÔMICO

Alcatra com cogumelos	55
Atum com pesto de azeitona	62
Carpaccio de erva-doce, laranja e cebola	70
Cerejas com chantili e pistache	59
Cuscuz com abobrinha, ervilhas e hortelã	58
Enroladinhos com mostarda	54
Linguado sobre leito de alho-poró com purê de vagem	58
Melancia com hortelã	63
Mix de crustáceos	54
Peixe-agulha com feijão branco ao pomodoro	66
Rosbife com ervas	54

Salada de camarão e legumes	62
Tagliata de contrafilé com alecrim e abobrinha salteada	70
Tagliata de frutas a baixa temperatura com fios de caramelo	67
Tangerina com ricota e avelãs tostadas	71
Vieiras com cebolas crocantes e lascas de amêndoas	66

NORMAL

Arroz com lagostins e raspas de limão	91
Assado de frango com mel e mostarda	74
Camarão com creme de talos de aspargo	78
Cavalinha com pontas de aspargo e avelãs	78
Cuscuz com vôngoles, mexilhões e grão-de-bico	83
Enroladinhos de lombo com radicchio, uvas-passas e pinoli	86
Frutos do mar com açafrão	75
Lagostim com creme de pimentão verde	82
Laranja em calda de canela com sorvete de baunilha	91
Melão com caramelo e pimenta	83
Musse de maçã com limão-siciliano	87
Peito de pato com alho-poró	74
Pudim de cuscuz com cerejas e hortelã	79
Sopa mirepoix de verduras com ovo de codorna	86
Terrina de sardinha	90
Vieiras crocantes sobre creme de abóbora e gengibre	74

INTENSIVO

Arroz com favas	102
Bocadinhos de frango, limão e gengibre com vagens salteadas	102
Coelho assado com uvas	94
Compota de ameixa com iogurte grego e pistache	111
Compota de frutas com iogurte e cereais	99
Consomê com juliana de legumes	114
Cozido de vitela com mostarda	114
Crumble com creme de morango e framboesa	103
Filé de dourado com creme de alcachofra	110
Foie gras de abacate com pão tostado	98
Lagosta sobre leito de coração de alcachofra	110
Lombo cozido no leite com molho de vinho	95
Ovos à la coque a baixa temperatura	98
Peras ao vinho branco e gengibre	115
Pêssegos melba	107
Rocambole de peru com presunto e espinafre	106
Terrina de camarão	94
Terrina de coelho	106
Vitela com sardinha e anchova	94

ÍNDICE DAS RECEITAS

INDICAÇÃO DE LEITURAS E SITES

Cozinhando sem desperdício, Alaúde, 2013

La cucina a impatto (quasi) zero, Gribaudo, 2010

Campagna Mangiamoli giusti, guia de consumo do peixe, Slow Fish (Slow Food)

Quelli che non abboccano, guia de aquicultura, Slow Fish (Slow Food)

Diamoci un taglio, guia de consumo de carne, Slow Fish (Slow Food)

Campagna Tonno in trappola, Greenpeace

Livewell Diet, WWF, 2011

Fish dependence, Ocean2012, 2011

La doppia piramide, Barilla Center for Food and Nutrition, 2011

Pocket Good Fish Guide, MCS, 2011

The state of world fisheries and aquaculture, FAO, 2010

Challenging the aquaculture industry in sustainability, Greenpeace, 2008

Guida ai consume ittici, Greenpeace, 2008

Ecocucina – www.ecocucina.org

Fishscale – www.fishscale.eu

Greenpeace – www.greenpeace.org.br

Legambiente – www.legambiente.it

Lifegate – www.lifegate.com

Marine Conservation Society – www.fishonline.org

Slow Fish – www.slowfoodbrasil.com/slowfish

Slow Food – www.slowfoodbrasil.com

WWF – www.wwf.org.br

Este livro segue as diretrizes do Slow Food relativas aos frutos do mar e às carnes.